Klemens Rasche

# Der Sehnsucht nach Leben trauen

Klemens Rasche

# Der Sehnsucht nach Leben trauen

Ökumenische Schulgottesdienste für die Sekundarstufen

Lahn-Verlag, Limburg-Kevelaer

Die Deutsche Bibliothek – CIP-Einheitsaufnahme

Ein Titeldatensatz für diese Publikation ist bei
Der Deutschen Bibliothek erhältlich.

Wir danken den Autorinnen und Autoren sowie den Verlagen für die uns freundlicherweise erteilten Abdruckgenehmigungen.
Trotz sorgfältiger Recherche konnten wir nicht in allen Fällen die Rechteinhaber ermitteln. Wir bitten ggf. um Benachrichtigung.

Gedruckt auf chlorfrei gebleichtem, umweltfreundlichem Papier.

verlags
gruppe
engagement


Lektorat: Verlagsservice Anne Voorhoeve, Selters
Umschlagillustration: Hans Küchler, CH – Olten
Notensatz: Nikolaus Veeser, Schallstadt
Satz: The Media Company, Dernbach
Druck und Bindung: Koninklijke Wöhrmann, Zutphen
Printed in The Netherlands


ISBN 3-7840-3192-7

# Inhalt

# Vorwort

»Der Sehnsucht nach Leben trauen« – dieser Titel will eine Ahnung von der Blickrichtung und der Dynamik der vorliegenden Gottesdienste auf ein gelingendes Leben hin vermitteln. Alle hier dargestellten Gottesdienste sind aus der konkreten Arbeit mit den Schülerinnen und Schülern eines Gymnasiums heraus entstanden. Es handelt sich um ökumenisch ausgerichtete Wortgottesdienste, die sich nicht in eng gefassten Einzelthemen verlieren, sondern deren Ausrichtung geprägt ist von den Grundthemen der Persönlichkeitsentfaltung, der Suche nach Sinn, der Frage nach dem eigenen Gottesbild, des Umgangs mit Angst und Ohnmacht, einer kritischen Wahrnehmung gesellschaftlicher und sozialer »Schieflagen« und der Deutung der besonderen Feste des Kirchenjahrs.
Zu Beginn steht jeweils eine Hinführung zum jeweiligen Thema. Anschließend erfährt der Leser, welche praktischen Vorbereitungen für die Durchführung des Gottesdienstes zu treffen sind. Daran schließt sich der jeweilige konkrete Ablauf des Gottesdienstes in allen Einzelelementen an. Die hier vorgelegten einzelnen Bausteine der Wortgottesdienste eignen sich auch zur Gestaltung von Eucharistiefeiern, allerdings hat im schulischen Kontext meines Erachtens ein Wortgottesdienst aufgrund seiner größeren Mitgestaltungsmöglichkeiten von Seiten der Schülerinnen und Schüler große Vorteile.
Die Reihenfolge der Gottesdienste orientiert sich an Ablauf und Anlässen eines Schuljahrs. Die Zeitstruktur eines Schuljahrs haben Schüler/innen in besonderer Weise verinnerlicht, sodass der Beginn und das Ende eines Schuljahrs oder Schullebens einer besonderen Deutung und Würdigung bedürfen. Natürlich sind auch die Advents- und Weihnachtszeit und die vorösterliche Fastenzeit besonders thematisiert. Darüber hinaus soll sich durch das Aufgreifen existenzieller Lebensthemen und Lebensfragen der Horizont öffnen für eine spirituelle Deutung des eigenen Lebensweges aus dem Vertrauen auf die Weggefährtenschaft Gottes. Der Hunger und die Sehnsucht nach einem erfüllten Leben als ein Grundempfinden junger Menschen wird somit im Sinne der augustinischen Formel:

»Eure Sehnsucht sei euer Gebet« eingebettet in eine liturgische Form, in der Kinder und Jugendliche sich mit ihrem Leben wiederfinden können.

Für die Liedvorschläge habe ich folgende Liederbücher verwendet:

Tr = Troubadour für Gott, Würzburg, 2. erweiterte Auflage 1991
VLs = Vom Leben singen, Arbeitskreis Kirchenmusik im Bistum Limburg 1997
DZf = Die Zeit färben, Arbeitskreis Kirchenmusik im Bistum Limburg 1999

Die beiden letztgenannten Bücher können direkt beim Arbeitskreis Kirchenmusik und Jugendseelsorge im Bistum Limburg, Rossmarkt 12, 65549 Limburg bezogen werden.

So wünsche ich allen, die mit diesem Buch arbeiten, dass die Gottesdienste zu Zeiten und Räumen werden, in denen gottgeschenkte Ermutigung zur Menschwerdung spürbar werden kann.

Für die freundschaftliche Inspiration und Mitarbeit an der Gestaltung dieser Gottesdienste danke ich stellvertretend für viele Kolleginnen und Kollegen der St. Ursula Schule in Geisenheim besonders Frau Martina Splonskowski.

Juni 2000 *Klemens Rasche*

# 1. Wie der Vogel in der Hand, so bin ich geborgen bei dir

Einschulungsgottesdienst für die Klassen 5

**Hinführung**

Der Wechsel von der Grundschule in eine »weiterführende« Schule ist für viele Kinder mit der ersten Herausforderung des Aufbrechens zu Neuem verbunden: das Verlassen der ortsnahen Grundschule in eine oft entfernt liegende Mittelpunktschule, fremde Lehrerinnen und Lehrer, fremde und unter Umständen auch bedrohlich wirkende Gebäude und Räume, häufig das Zurücklassen von Freunden und Freundinnen. An dieser buchstäblichen »Schnittstelle« im Leben des Kindes will der folgende Gottesdienst wie ein Weggeländer sein, das Halt bietet und die Möglichkeit, innezuhalten und zurückzublicken auf die Wegstationen vor dem Schulwechsel. Sorgen, Ängste und Hoffnungen sollen thematisiert und vor allem Vertrauen vermittelt werden in den Gott, der die Kinder in diesen neuen Lebensabschnitt begleitet.

**Vorbereitung/Material**

- 5 Plakate aus DIN-A2-Tonpapier mit den Stichworten »Zuhause«, »Grundschule«, »Freunde«, »Hobby«, »Neue Schule«
- Kinder aus einer Klasse 6 der neuen Schule lesen je einen Satz
- kurzes Anspiel (Erzähler, Florian, Mutter, Vater)
- evtl. Tageslichtprojektor/Folie bzw. Diaprojektor/Dia vom »Vogel in der Hand«.

## Begrüßung, Kreuzzeichen

Liebe Schülerinnen und Schüler der neuen Klassen 5, liebe Eltern, liebe Kolleginnen und Kollegen, herzlich begrüße ich Sie alle zum Einschulungsgottesdienst. Ein neuer Lebensabschnitt, eine andere Schule, ein anderer Schulweg, viele Menschen, die ich noch nicht kenne, neue Fächer und noch mehr Fremdes, Neues liegt vor euch, liebe Schülerinnen und Schüler. Ich glaube, ihr seid nicht erst seit heute aufgeregt und gespannt auf all dies, was nun für euch beginnt. Habt ihr schon einmal einen kleinen Vogel aus dem Ei schlüpfen sehen? Klein, wackelig und unruhig bewegt er sich in die Welt hinein. Man spürt, wie viel Beben, wie viel Aufregung auf diesem ersten Weg in die neue Welt in dem Tierchen steckt.

Vielleicht geht es euch heute ebenso. Aber keine Sorge: Behutsam, langsam und vorsichtig wollen wir euch den Weg in die neue Schule bahnen. Und zum Zeichen dafür, dass diese Rücksichtnahme, diese Vorsicht für uns alle so wichtig ist, strecken wir euch unsere offene Hand entgegen wie ein Bild für die offene Hand Gottes, auf dessen Schutz wir alle hier an unserer Schule jeden Tag vertrauen dürfen.
Unser Vertrauen auf Gottes offene Hand drücken wir aus in dem Zeichen unseres Glaubens: im Namen des Vaters und des Sohnes und des Heiligen Geistes. Amen.

**Lied: In deinen Händen steht die Zeit**

2. Aus deinen Händen schöpfe ich
Kraft, Mut und Lebensfreude.
Wie Wasser labt dein Zuspruch mich,
hilf dass ich nicht vergeude,
was scheinbar selbstverständlich ist
und mir doch zeigt wie du, Gott, bist,
du Quelle meiner Hoffnung.

3. Mit leeren Händen steh ich da,
mit Angst vor vielen Dingen.
Bleib mir in schweren Zeiten nah

und hilft mir, neu zu singen:
von dir, dem Felsen, der mich stützt,
von dir, der Burg, die mich beschützt,
von dir, du meine Stärke.

4. In deine Hände, Gott, mein Heil,
befehl ich Leib und Seele.
Vergebung wird mir so zuteil,
wo ich versage, fehle.
Du nimmst dich meiner an in Not,
hältst mich im Leben und im Tod
in deinen guten Händen.

T: Eugen Eckert M: Horst Christill


**Thematischer Einstieg**

*Fünf Schüler/innen kommen nach vorne, halten jeweils ein beschriftetes Plakat hoch und sprechen einen kurzen Text.*

- Plakat 1: »Zuhause«
  Schüler/in 1: Vor einigen Minuten war ich noch zu Hause. Zu Hause fühle ich mich wohl, da sind meine Familie, meine Haustiere, meine Spielsachen, mein Platz. Da ist alles, was mir vertraut ist.

- Plakat 2: »Grundschule«
  Schüler/in 2: Vor wenigen Wochen noch war ich in der Grundschule. Da fand ich mich zurecht. Ich hatte lange dieselben Lehrer, kannte die Mitschüler und Mitschülerinnen, und die Schule war ziemlich klein.

- Plakat 3: »Freunde«
  Schüler/in 3: Mit vielen Kindern in unserem Ort bin ich gut befreundet, auf sie kann ich mich verlassen. Jetzt gehen wir auf verschiedene Schulen, jetzt wird alles anders.

- Plakat 4: »Hobby«
  Schüler/in 4: Das sind meine Hobbys. Ich mache gerne Musik und spiele gerne Fußball.

- Plakat 5: »Neue Schule«
  Schüler/in 5: Natürlich hat man mir schon viel über die neue Schule erzählt. Meine älteren Geschwister stöhnen ja ständig über Klassenarbeiten und Hausaufgaben. Aber eigentlich weiß ich noch fast gar nichts über die neue Schule. Diese Schule ist für mich noch ein großes Fragezeichen.

*Schüler/innen einer 6. Klasse erzählen:*
Vor einem Jahr saßen wir dort, wo ihr jetzt sitzt, und dachten:
Ob ich mich in der neuen Schule wohl zurecht finden werde?
Werde ich gute oder schlechte Noten bekommen?
Werde ich in meiner Klasse neue Freunde finden und werden meine alten Freunde weiterhin mit mir zusammen sein?
Wie sieht mein Stundenplan aus und werden mir die neuen Fächer gefallen?
Werde ich nette Lehrerinnen und Lehrer bekommen?
Werde ich mich in meinem Klassenzimmer wohl fühlen?

**Lied: Kleines Senfkorn Hoffnung**
(Tr 104)

**Anspiel: Florian**

*Erzähler:* Florian, 10 Jahre alt, hatte die Grippe und musste mit Fieber das Bett hüten. Nach einer Woche sagte die Mutter:

*Mutter:* Also, Florian, heute ist Samstag. Ich denke, dass du am Montag wieder fit genug bist, um in die Schule zu gehen. Allerdings werde ich deine Lehrerin bitten, dich vom Schwimmunterricht zu befreien. Du hast doch montags Schwimmen, oder?

*Erzähler:* Florian sah ein, dass er noch nicht ins kalte Wasser gehen konnte, aber irgendwas schien ihn zu bedrücken. Diese Stimmung verstärkte sich am Sonntagnachmittag. Am Abend klagte Florian über Kopf- und Halsschmerzen und behauptete, er sei wieder krank. Der Vater fühlte Florians Stirn. Fieber hatte Florian mit Sicherheit nicht. Der Vater schaute in Florians Mund. Keine Anzeichen für eine Halsentzündung. Florian sagte schließlich:

*Florian:* Papi, ganz so schlimm ist es ja nicht, übermorgen gehe ich wieder in die Schule. Bestimmt.

*Vater:* Und warum willst du morgen noch nicht gehen?

*Erzähler:* Florian druckste eine Weile herum, dann sagte er zögernd:

*Florian:* Weil ich bestimmt angeglotzt und ausgelacht werde.

*Vater:* Aber wieso denn das? Du siehst völlig normal aus, kein Masern- oder Mumpsgesicht, keine Knollennase, keine Glupschaugen ...

*Erzähler:* Aber Florian war nicht zum Lachen zumute. Der Vater nahm ihn in den Arm.

*Vater:* Also, dann erzähl mal, mein Kleiner! Wovor hast du Angst?

*Erzähler:* Da sprudelte es aus Florian heraus:

*Florian:* Wer nicht ins Wasser darf, den nimmt die Lehrerin nicht mit ins Schwimmbad. Der muss dann stattdessen in der Nachbarklasse am Unterricht teilnehmen. Ich muss also morgen in die blöde 5c. Und wenn ich dann in das Klassenzimmer komme, glotzen die Schüler alle so. Und da kenn ich keinen, nur den Bastian und Dominik. Und die lachen vielleicht auch. Und dann komm ich mir so blöd vor. Und die Lehrerin kenn ich auch nicht richtig. Vielleicht ist sie eine Schreckschraube. Bitte, Papa, lass mich zu Hause bleiben, nur an diesem einen Tag!

*Erzähler:* Der Vater schwieg und überlegte. Dann sagte er:

*Vater:* Da hast du wohl ein Problem. Und was machen wir damit?

*Florian:* *(seufzt hörbar)* Ja, ja, ich weiß. *(leiert)* Vor Problemen läuft man nicht weg, man löst sie.

*Vater:* Gut!

*Florian:* Gar nicht gut! Ich will zu Hause bleiben.

*Vater:* Nein!

*Erzähler:* Der Vater begann nun all die Eigenschaften aufzuzählen, die er an Florian besonders liebenswert fand.

*Vater:* Du bist fröhlich, hilfsbereit, zuverlässig und freundlich. Du kannst gut zeichnen, du kannst toll rechnen, hast gute Ideen und bist ein prima Fußball- und Tennisspieler.

Weißt du, dass ich dich sehr lieb habe, einfach weil du Florian bist? Und ich bin sicher, in dir drin steckt ganz viel Mut.

*Florian:* Okay, ich werd's versuchen.

*Erzähler:* Und dann spielte der Vater ihm vor, wie er an Florians Stelle mit hochrotem Kopf, aber erhobenen Hauptes in die fremde Klasse schreiten würde. Da musste Florian lachen.



**Lied: Deine Hand in meiner Hand**

T: Eugen Eckert M: Alejandro Veciana

| **Text** | ***Bewegungen*** |
|---|---|
| Deine Hand in meiner Hand, | *Alle nehmen sich an die Hand.* |
| echt, das find ich gut. | *Alle klatschen im Rhythmus mit.* |
| Halt mich, gib mir Sicherheit | *Alle nehmen sich wieder an die Hand und machen zwei kleine Wechselschritte nach links und rechts.* |
| und zum Losgehen Mut. | *Alle drehen sich um sich selbst.* |

**Evangelium: Mt 14,22–33**
Der Gang Jesu auf dem Wasser

**Ansprache**
Für euch, liebe Schülerinnen und Schüler, feiern wir heute Morgen diesen Gottesdienst. Für euch beginnt heute hier an der Schule ein neuer Abschnitt eures Lebens. Eine neue Schule, neue Mitschülerinnen und Mitschüler, neue Lehrerinnen und Lehrer. Eigentlich ist es ja immer schön, etwas Neues zu entdecken, etwas Neues geschenkt zu bekommen. Neu, das bedeutet doch so viel wie: überraschend, spannend, noch ganz unverbraucht, ganz heil. Neues erfahren, davon sprechen auch die Geschichten dieses Tages: Da ist Florian, der lieber krank sein möchte als in die Nachbarklasse zu gehen. Diese neue Klasse macht ihm Angst, er kennt doch niemanden, und wie die ihn wohl angucken werden? Und da ist die Geschichte von den Jüngern, die nachts beim Fischen in einen Sturm geraten. Sie sehen eine fremde Gestalt auf dem Wasser und erschrecken. Als Jesus, ihr Freund sich zu erkennen gibt, will Petrus seinen Mut beweisen und zu Jesus hineilen. Doch als er, statt auf Jesus zu schauen, wieder in die Fluten sieht, bekommt er so große Angst, dass er fast untergeht.
Angst vor dem, was fremd ist, Angst vor dem, was ich nicht kenne. Ja, Neues, Fremdes kann auch Angst machen. Besonders dann, wenn nicht nur eine neue Sache in eurem Leben dazukommt, sondern wenn sich beinahe euer ganzes Leben ändert ...
Ab heute ändert sich fast euer ganzes Leben. Vom Morgen bis zum Nachmittag werdet ihr demnächst hier zur Schule gehen. Und vieles Neue, vieles Fremde erwartet euch hier ...

In der Geschichte sagt Florians Vater zu seinem Sohn, was für ein toller Junge Florian ist, was er alles kann und – das ist mindestens genauso wichtig – dass er Florian sehr lieb hat. Daraufhin traut sich Florian in die fremde Klasse zu gehen. Jesus hat Petrus die Hand ausgestreckt und ihm Sicherheit gegeben, sodass er trotz der Wellen nicht unterging.
Diese Geschichten haben wir ausgewählt, weil sie Mut machen, weil sie davon erzählen, wie die Angst sich verwandelt in Vertrauen und Kraft, weil sie davon erzählen, dass Menschen nicht krank zu werden brauchen, nicht flüchten, nicht untergehen müssen, wenn sie erfahren: Ich bin geliebt, da glaubt einer fest an mich, da traut mir einer diesen Schritt zu, da reicht mir ein Mensch die Hand, wo ich zu fallen drohe ...
»Da ist einer für mich da«, das ist die Grunderfahrung des Volkes Israel mit seinem Gott. »Ich bin für euch da«, hebräisch: »Jahwe«, so stellt Gott sich seinem Volke vor, und am Ende der gesammelten Schriften, aus denen das heutige Evangelium vom Sturm genommen ist, heißt es noch einmal: »Ich bin bei euch alle Tage eures Lebens.«
Liebe Schülerinnen und Schüler unserer neuen Klassen 5, ich wünsche euch Menschen, die euch immer wieder sagen: Du kannst mehr, als du ahnst. Du, ich glaube, du schaffst das. Du brauchst keine Angst zu haben. Ich wünsche euch das Vertrauen und den Glauben, dass Gott euch in diesen Menschen die Hand reicht, dass Gott euch auf dem Weg in diese neue Schule durch freundliche Menschen Geborgenheit, Freude und Sicherheit schenkt. Amen.

**Fürbitten**

Eltern: Jesus Christus, du hast die Kinder gern. Du bist ihr Freund und Weggefährte. Wir bitten dich: Gerade jetzt, wo ihnen viele neue Erfahrungen, Begegnungen und Aufgaben bevorstehen, lass uns als Väter und Mütter daran denken, dass unsere Kinder unsere Fürsorge und Zeit brauchen.

Eltern: Beim Lernen in der Schule und auch zu Hause bei den Hausaufgaben gibt es manche schwierige Situation. Es werden Tage kommen, an denen einfach nichts klappt, Tage, an denen das Lernen schwer fällt. Jesus, lass unsere Kinder beim Lernen nicht mutlos werden und vorschnell aufgeben. Lass sie immer freundliche Helfer finden.

Lehrer/in: Es gibt keinen Nürnberger Trichter zum Lernen. Das Lernen geschieht oft mühsam und in kleinen Schritten. Jesus, gib uns Lehrerinnen und Lehrern Geduld und Kraft, auch kleinste Fortschritte bei unseren Schülern zu erkennen und anzuerkennen.

Lehrer/in: Unterricht kann manchmal langweilig und eintönig sein. Jesus, gib uns Lehrerinnen und Lehrerin immer wieder den Mut und die Energie, nach neuen Wegen zu suchen, damit den uns anvertrauten Schülerinnen und Schülern die Freude am Lernen erhalten bleibt.

**Lied: Kindermutmachlied**
(Tr 129)

**Vaterunser**

**Friedensgruß**
*Zu diesem Text kann ein Folienbild oder Dia von einem Vogel in der Hand eingeblendet werden.*
Eine Hand, die mich hält,
ein Mensch, der mich freundlich anschaut,
ein Wort, das mir Mut macht.
Zeichen, die Gegensätze verbinden:
Aus Angst wird Vertrauen,
aus Traurigkeit wird Lebensfreude,
aus Zweifel wird Mut,
aus Hass wird Frieden.

Gott, schenke uns diese Zeichen durch Menschen auf unseren Wegen und lass uns selbst diese Zeichen anderen schenken. So wird deine Liebe und dein Friedensgeschenk unter uns spürbar. Amen.

**Lied: Er hält mein Leben**
(Tr 91)

**Schlussgebet**
Guter Gott, vor uns liegt ein neuer Lebensabschnitt,
ein neues Land, ein neuer Alltag.
Wir gehen ab heute Woche für Woche in diese neue Schule.
In uns kribbelt eine Mischung aus Freude und Angst.
Wir wollen losgehen und wir werden nicht zulassen,
dass die Angst uns lähmt.
Denn du, guter Gott, gehst wie die Menschen,
die uns lieb haben, mit uns den Weg in diese neue Schule.
Du bist unser Wegbegleiter.
Du liebst uns und das gibt uns den Mut,
nun froh zu beginnen.
So segne uns alle, Gott, dem wir wie einem guten Vater
und einer guten Mutter vertrauen dürfen. Amen.

**Segen**

**Lied: Von allen Seiten umgibst du mich**

2. Dass ich wachse, blühe, reife,
dass ich lerne und begreife,
bist du, Gott, bist du, Gott, bei mir.
Dass ich finde, was ich suche,
dass ich segne, nicht verfluche,
bleibst du, Gott, bleibst du, Gott, bei mir.

3. Wo ich sitze oder stehe,
wo ich liege oder gehe,
bist du, Gott, bist du, Gott, bei mir.
Dass ich dein bin, nicht verderbe,
ob ich lebe oder sterbe,
bleibst du, Gott, bleibst du, Gott, bei mir.

T: Eugen Eckert M: Thorsten Hampel

# 2. Vom Leben singen

Gottesdienst zum neuen Schuljahr für die Sekundarstufen

**Hinführung**

Dieser Gottesdienst zum Schuljahresbeginn greift das klassische und vielfältig einsetzbare Symbol »Baum« auf. Elemente der Selbstvergewisserung auf die eigenen Wurzeln, auf den eigenen Halt, auf das Beschenktsein in den Ferien und das Ausstrecken nach den ersehnten Früchten im beginnenden Schuljahr prägen den Gottesdienst. In Anknüpfung an die alttestamentliche Botschaft von der Rettung der Arche Noach durch das Mitleiden Gottes mit den Menschen wird der Zweig, den die Taube in dieser biblischen Erzählung zur Arche bringt, zum Symbol für den Heilswillen Gottes mit seinem Volk. In diesem Gottesdienst besinnen sich die Schüler/innen zum einen auf die »Hoffnungszweige«, die sie in den Ferien entdeckt haben, und zum anderen auf die damit verbundene Zusage Gottes, wie ein Baum sich zu verwurzeln, ein festen Halt zu finden, Früchte zu tragen und diese weiterzugeben. Außerdem werden zu dem Lebenssymbol Baum einige alternative Geschichten und Meditationen angeboten und dadurch die Zusammenstellung eines Gottesdienstes ermöglicht, der auf unterschiedliche Voraussetzungen einzugehen vermag.

**Vorbereitung/Material**

- CD-Player, CD Peter Maffay, Tabaluga I, Song: »Der Baum des Lebens«
- meditative Musik

## Begrüßung und Kreuzzeichen

## Thematischer Einstieg

Den heutigen Gottesdienst sollten wir eigentlich draußen feiern, draußen in der Nähe großer Bäume. Ein Baum strahlt etwas aus: Ruhe, Geschütztsein, Schatten in der Sommerhitze, Kraft, Festigkeit aufgrund der tiefen Verbundenheit mit dem Grund, auf dem wir alle leben, der Erde. Ein Baum spiegelt eine eigene, lange Geschichte wider, er ist oft älter als wir selbst und hat viele Gewitter, Kälte und Sonne, Sturm und Eis überstanden. Leben am Beispiel des Baumes heißt immer auch Wachsen, Atmen, Sonne tanken, Wasser finden, Früchte bringen.

*Das Lied »Der Baum des Lebens« wird eingespielt.*

**Lied: Der Baum des Lebens**
Im Frühling zähl' ich ruhelos die Tage
und spüre, wie das Leben neu in mir erwacht,
bin stolz, wenn ich die ersten Blüten trage,
die bald darauf die Sonne zu reifen Früchten macht.

Im Sommer fange ich die Sonnenstrahlen,
und neben mir legt mancher seinen müden Kopf zur Ruh,
wenn meine Blätter Schattenbilder malen,
dann singen sie im Wind, und ich hör' ihren Liedern zu.

Ich geb' den Vögeln ihr Zuhaus,
die Bienen fliegen ein und aus,
wer zu mir kommt macht seine Reise nicht vergebens,
nicht vergebens.
Ich brauch die Erde, Luft und Licht,
und bis mein letzter Zweig zerbricht,
bin ich für alle der Baum des Lebens,
bin ich für alle der Baum des Lebens.

Im Herbst lass' ich mich von den Stürmen biegen
und schenke dieser Welt die allerschönste Farbenpracht,
seh' meine Blätter hoch im Winde fliegen
und weiß, dass ihre Freude den Abschied leichter macht.

Im Winter trag ich Schnee auf meinen Zweigen
und spür die Ewigkeit in manchem stillen Augenblick.
Ich sammle neue Kraft in meinem Schweigen
und gebe sie bald wieder tausendfach zurück.

Ich geb' den Vögeln ihr Zuhaus,
die Bienen fliegen ein und aus,
wer zu mir kommt, macht seine Reise nicht vergebens,
nicht vergebens.
Ich brauch die Erde, Luft und Licht,
und bis mein letzter Zweig zerbricht,

bin ich für alle der Baum des Lebens,
bin ich für alle der Baum des Lebens.

*Schirrmann-Zuckowski*



**Gebet**

Guter Gott, jetzt im neuen Schuljahr
wollen wir weiter wachsen, größer werden,
Neues lernen und uns selbst entfalten.
Bäume sind ein altes Symbol für das Leben.
Wir können von ihnen lernen, dass du, Gott,
auch uns immer wieder neu beschenkst
mit Kraft, mit Früchten, mit Energie,
die wie die Luft ist, die wir atmen.
Bäume sind ein Zeichen der Hoffnung,
und Hoffnung und Mut willst du uns schenken
für unser neues Schuljahr.
Dafür danken wir dir. Amen.

**Lied: Du bist das Leben**

2. Du bist das Brot, das den Hunger stillt,
   du bist der Wein, der die Krüge füllt.

3. Du bist die Klage in Angst und Not,
   du bist die Kraft, unser täglich Brot.

4. Du bist der Blick, der uns ganz durchdringt,
   du bist das Licht, das uns Hoffnung bringt.

5. Du bist das Ohr, das die Zukunft hört,
   du bist der Schrei, der die Ruhe stört.

6. Du bist das Kreuz, das die Welt erlöst,
   du bist der Halt, der uns Mut einflößt.

7. Du bist die Hand, die uns schützend nimmt,
   du bist das Korn, das dem Tod entspringt.

8. Du bist das Wort, das uns Antwort gibt,
   du bist ein Gott, der uns Menschen liebt.

T: Thomas Laubach, Thomas Nesgen, Winfried Pilz M: Thomas Nesgen
Aus: Kreuzweg


**Text: Der alte Mann und der Traum**

Da war ein alter Mann. Er lebte in Frankreich. Vieles hatte er sich noch vorgenommen im Leben. Doch dann kam alles anders: Erst starb seine Frau und wenige Tage später starb auch sein Sohn. Wofür sollte er nun noch leben, wofür arbeiten? Er war traurig, er ließ den Kopf hängen, er wollte vergessen. So zog er fort in eine fremde Gegend. Eine Gegend in Frankreich, die beinahe einer Wüste glich. Trostlos die Gegend, die Menschen stritten sich, sie wirkten gefühlsarm und ihre Augen waren so farblos und traurig wie die Gegend. Der Mann war bewegt. Er hatte bis zu dem schlimmen Ereignis in seinem Leben immer ein gutes, liebevolles Zuhause gehabt, für ihn waren immer Menschen da, bis das Unglück passierte. Eines Nachts hatte er einen Traum. Er sah, wie in dieser Gegend viele Farben leuchteten, grüne Wiesen und vor allem viele Bäume standen überall. Vögel zwitscherten, es wimmelte von kleinen Tieren im Unterholz der Bäume und die Menschen liebten es, draußen

zu sein. Sie wirkten so verändert und zufrieden, sie feierten Feste und bauten und verschönerten ihre Stadt.
Es dauerte eine ganze Weile bis der Mann begriffen hatte, was ihm dieser Traum sagen wollte. Die Bäume, der Wald ... ja, auf einmal hatte er verstanden! Gleich begann er Eicheln, Kastanien und andere Früchte schöner, großer Bäume zu sammeln. Die besten pflanzte er tief in die Erde ein. Immer wieder zog er los und setzte viele tausend Eicheln in die Erde.
Der Mann wird 92 Jahre alt. Als er stirbt, hat sich die Wüstenlandschaft schon sehr verändert. Die unzähligen Wurzeln halten jetzt den Regen fest, es entstehen Bäche, die Erde trägt viele verschiedene Früchte und alles, was er im Traum über die Menschen gesehen hatte, beginnt sich langsam zu entfalten: Die Menschen feiern Feste, sie sind froh und leben miteinander in Hoffnung und Frieden.



**Oder: Der unglückliche Baum**
(siehe Seite 145)

**Lied: Wachsen wie ein Baum**
(DZf 66)

**Lesung: Gen 8,6–12.15–20**
Noach und die Taube

**Ansprache und Meditation**
Was sagt uns die Bibel über Gottes Handeln gerade dann, wenn es um Leben und Tod geht, wenn es um den Wunsch des Menschen nach Wachsen, nach Zukunft geht?
Gott will, dass die Menschen und Tiere auf der Erde wieder leben können, wachsen, sich vermehren. An einem der ältesten Bäume, die es auf unserer Erde gibt, konnte Noach erkennen, dass es wieder Hoffnung gibt: am Zweig des Olivenbaums, den die Taube in ihrem Schnabel zum Schiff hintrug. Der Baumzweig kündigte wieder neues Leben, neue Hoffnung an. Hoffentlich habt auch ihr in

den Ferien solche Hoffnungszweige entdeckt. Denkt jetzt einen Moment still darüber nach: Was waren für euch Hoffnungszeichen in den Ferien? Welche Menschen, welche schönen Erlebnisse, welche überraschenden guten Zeichen waren für euch in den Ferien Zeichen, dass es mit eurem Leben gut weitergeht?

*Meditationsmusik wird eingespielt.*

Wir stellen uns hin.
Wir lassen etwas Platz zwischen uns.
Wir spüren zur Musik, wie wir ruhiger werden,
während wir ganz ruhig dastehen.
Die Arme lassen wir locker herunterhängen.

Jetzt richten wir unsere Aufmerksamkeit auf unsere Füße.
Wir spüren, wie wir still, sicher und fest stehen.
Die Erde trägt dich, trägt deinen Nachbarn,
uns alle und alle Menschen auf der Welt.
Stellt euch jetzt vor, ihr würdet eure Füße
wie Wurzeln ins Erdreich verlängern.
Geht mit eurer Aufmerksamkeit erst
langsam tief hinab ins rechte Bein bis zu den Zehen
und anschließend ins linke Bein.
Wer so fest mit der Erde verbunden ist,
der kann sich auch leicht bewegen,
leicht mit dem Körper kreisen,
und er wird nicht umfallen.
Wer einen festen Standpunkt hat, der fällt nicht um.

Nun stellt euch euren Oberkörper vor,
wie er aufrecht und gerade steht.
Wie der Stamm des Baumes,
der euch durch den Rücken, durch das Rückgrat
Halt und Standvermögen gibt.
Euer Rückgrat gibt euch Stolz und Selbstbewusstsein.
So kannst du wachsen und groß werden.

Nun strecke langsam nach der Musik die Arme nach oben.
Strecke sie aus. Stell dir vor, du schwingst nach oben

wie eine Baumkrone, die Früchte trägt.
Öffne die Hände und spüre, wie du etwas empfangen möchtest.
Stell dir nun vor, deine Hände würden von oben gefüllt.
Nun senke die Hände langsam wieder nach unten
und stell dir vor, du gibst das, was du empfangen hast,
wieder an die Erde ab, so wie der Baum
seine Früchte und Blätter Jahr für Jahr
wieder an die Menschen und die Erde abgibt,
sodass ein neuer Lebenskreislauf beginnen kann.

Wiederhole die Grundbewegung noch einmal still und langsam
und atme dabei ein, wenn du die Hände hebst,
und wieder aus, wenn du die Hände sinken lässt.

So spüre in Stille deinem Rhythmus des Lebens nach.
Und wenn du noch einmal langsam die Hände nach oben hebst,
so spüre, was du nun von Gott für dein Leben
in deine geöffneten Hände empfangen möchtest.
Anschließend stelle dir vor, wie du das Empfangene
wieder weitergibst an die Menschen
und an die Welt, in der du lebst.
So spüre in deinem Körper
der Grundbewegung des Lebens und der Liebe nach:
Annehmen und Weitergeben.
So ist es auch mit der Liebe Gottes:
Wir nehmen sie an und geben sie weiter.

**Lied: Spür's in meinem Fuß**
(DZf 24)

**Fürbitten**
Guter Gott, schenke uns hier in der Schule und zu Hause Menschen, die wie eine Quelle für uns sind, die uns helfen, dass wir wachsen können, groß und mutig.

Guter Gott, schenke uns Mut, ehrlich und offen zu sein, damit wir wie ein aufrechter Baum voller Selbstvertrauen unter anderen leben können.

Guter Gott, schenke uns Früchte in den vielen Jahren unseres Wachsens: Früchte unseres Herzens wie Freundlichkeit und Vertrauen, Früchte unseres Geistes wie Klugheit und Weisheit, Früchte unseres Leibes wie Geschicklichkeit und Gesundheit.

Gott, wenn wir mit dir verbunden bleiben, dann werden wir wachsen und Frucht bringen, wie es uns der Psalmbeter des ersten Psalms verheißt: Wohl dem Menschen, der nicht auf den Rat der Lügner und Habgierigen hört, sondern der Freude hat an Gottes Wort, der Gottes Wort bedenkt und auch tut, dieser Mensch ist wie ein Baum, der an Wasserbächen gepflanzt ist, der zur rechten Zeit Frucht bringt und dessen Blätter nicht welken. Amen.

**Text: Ich bin wie ein Baum (nach Psalm 1)**

Ich bin wie ein Baum: mit Wurzeln aus Vertrauen und Liebe,
die mir Halt und Nahrung geben,
mit einem Stamm der aufrecht wächst,
innen weich und außen durch eine Rinde geschützt.
Jahresring um Jahresring wachse ich
und hinterlasse Einkerbungen auf meinem Stamm.
Ich wachse nach oben und verzweige mich
in meinem Leben in viele Richtungen.
Ich nehme die Kraft der Sonne in mir auf,
und so pulsiert in mir das Leben und die Lebensfreude.

Ich bin wie ein Baum, der an Wassern gepflanzt ist.
Meine Wurzeln finden Wasser, finden alles,
was ich zum Leben brauche, jeden Tag.
Es gibt auch dürre Zeiten, Zeiten des Streits und der Schuld,
dann müssen meine Wurzeln neue Wege finden,
Wege der Liebe, tief in der Erde.
Meinen Ort an den Wassern des Lebens und der Freude
verdanke ich anderen.
Das Wasser für meine Wurzeln wird mir geschenkt
wie die Luft zum Atmen.
So nehme ich dankbar die guten Gaben an
von dem, der mich liebt und geschaffen hat.

Ich bin wie ein Baum, der zur rechten Zeit seine Frucht bringt.
Ohne mein Zutun wachsen an meinen Ästen
die Früchte meines Herzens und meines Verstandes.
Ich brauche mich nicht zu ängstigen.
Zu meinen Früchten gehört auch der Schatten,
in dem andere sich ausruhen können,
auch die Geduld und die Ruhe, die von mir ausgehen.
Ich schenke meine Früchte dem,
der sie braucht und zu mir kommt.

Ich bin wie ein Baum, dessen Blätter nicht welken.
Auch wenn meine Früchte geerntet sind,
welken meine Blätter nicht, lebendige Kraft bleibt in mir.
In mir ist die Hoffnung auf neues Wachsen, auf neues Leben.
Glück und Gelingen wird Gott mir weiterschenken,
ohne mein Sorgen. Ich bin gewiss,
kein Blitz wird mich treffen, kein Sturm wird mich entwurzeln.

Ich bin wie ein Baum, der an Wasserbächen gepflanzt ist,
der zur rechten Zeit Frucht bringt und dessen Blätter nicht welken.

**Vaterunser**

**Lied: Wo Menschen sich vergessen**
(VLs 128)

**Segensgebet**
Guter Gott, Bäume berühren beinahe den Himmel.
Ein Mensch, der mit Gott verbunden lebt,
der berührt den Himmel in seinem Herzen.
Ein Mensch, der mit Gott verbunden lebt,
der lebt anders, der stiftet Frieden.
So lass uns mit dir verbunden sein, lass uns wie Bäume wachsen.
Weil du uns lieb hast, sei mit uns mit deinem Segen.
Das gewähre uns der Vater, der Sohn und der Heilige Geist. Amen.

**Lied: Ihr seid das Salz der Erde**
(DZf 55)

# 3. Wer bist du, Mensch?
Gottesdienst für die Sekundarstufe II

**Hinführung**
Die Frage nach dem Sinn des menschlichen Lebens zu stellen ist im Kontext von Schule und Liturgie durchaus als Herausforderung zu werten. Diese Thematik spielt zwar eine Rolle in der gesamten Palette von Lebensstilen Jugendlicher. Gleichzeitig aber ist sie gerade aufgrund ihrer radikalen, an die Wurzel der Persönlichkeit gehenden Ausrichtung sehr sensibel und muss mit besonderer Einfühlung und Zurückhaltung angegangen werden. Bei der Entstehung des vorliegenden Gottesdienstes haben Jugendliche selbst einen Song ausgewählt, in dem sie sich wiederfinden mit ihren großen »W-Fragen: Was?, Wer? Wann?, als Ausdruck der Frage schlechthin: Was ist der Sinn in meinem Leben?

**Vorbereitung/Material**
- Die folgenden 9 Buchstaben sind je auf ein DIN-A3-Plakat zu zeichnen: O, M, E, N, C, H, R, J, S
- CD-Player, CD Böhse Onkelz, Wir ham noch lange nicht genug, Song: »Wieder mal 'nen Tag verschenkt«
- Textblatt mit dem »Bekenntnis eines Durchschnittsschülers«.

## Begrüßung, Kreuzzeichen

## Lied: Suchen und fragen
(Tr 526)

## Thematischer Einstieg
*9 Schüler/innen halten jeweils einen der oben genannten Buchstaben.*

Schüler/in 1: Jeden Tag benutzen wir sie: die 26 Buchstaben unserer Schriftsprache. 9 von 26 Buchstaben liegen hier zur Auswahl. Wir haben überlegt, was sich dahinter verbirgt: Omen, Chor, Rom, schon, Jochen, sehr, morsen, Norm, Mohn, Rose, Sohn, Horn, Mehr, Jens, Reh, Ohr, Hose, noch.

Schüler/in 2: Viele Dinge, viele Tätigkeiten, viele Eigenschaften, viele Bezeichnungen und Namen. Wie zufällig auch

| | |
|---|---|
| | der MENSCH. Ein Begriff wie jeder andere? Ein Ding wie jedes andere? Man nehme 6 Buchstaben von 26, mische sie gut, forme sie aus Erde und blase ihnen Lebensatem ein? |
| Schüler/in 3: | Aber du? Fühlst du dich wie eine beliebige Variation von Buchstaben? Bist du zufällig hier? Gehst du zufällig wieder? Unsere Schrift spiegelt das Denken vieler moderner Menschen wieder: Wir sind eine zufällige Zusammensetzung aus Atomen. |
| Schüler/in 4: | Viele von uns kennen das Gefühl: Mein Leben ist von allen möglichen Strömungen, Sachzwängen und Personen bestimmt – nur nicht von mir selbst. Ich stelle oft resigniert fest: Ich werde gelebt. |

*Der Song »Wieder mal 'nen Tag verschenkt« wird eingespielt.*

**Kyrie**

Nicht selten möchten wir unsere Gefühle von Leere, von Verzweiflung, von Angst herausschreien. Unsere Lebensgefühle und unsere Lebensfragen finden oft kein Ohr und auch keinen Ort. Vor Gott, der uns fragt: Was brauchst du?, lasst uns nun im Kyrie gemeinsam bekennen:

Ich bin noch jung und lebe meist nur so dahin.
Ich denke nur selten ernsthaft nach.
Ich habe keinen Grund dazu.
Zwar könnten meine Noten besser sein,
aber ich habe alles, was ich brauche.
*Liedruf: Meine engen Grenzen (VLs 41, Strophe 1)*

Manchmal aber,
unverhofft, mittendrin, überkommt mich Angst:
Angst vor den Möglichkeiten, die sich bieten,
Angst vor den Unmöglichkeiten, die mich einengen,
Angst vor dem Alleinsein und
Angst vor den anderen.
*Liedruf: Meine engen Grenzen (Strophe 2)*

Meine Mitschüler –
machen sie mir den Ausbildungsplatz streitig?
Meine Freunde –
nützen sie mich vielleicht aus?
Meine Eltern –
lassen sie mich fallen, wenn ich versage?
Und dann frage ich mich:
Wie werde ich es schaffen?
Wie kann ich weiterleben mit meinen Ängsten und Fragen?
Wie wird meine Zukunft aussehen?
Habe ich noch eine Zukunft?
Wer und was hat eine Zukunft?
*Liedruf: Meine engen Grenzen (Strophe 3)*

Bekenntnisse eines Durchschnittsschülers, aus: Religionslehrerkalender 1990/91, Deutscher Katecheten-Verein, München

**Gebet**
Guter Gott, wie Treibholz fühlen wir uns oft.
Hin- und hergetrieben auf der Suche
nach mehr als Gleichgültigem, Sicherem, Schickem und Trends.
Matt, müde und ausgelaugt wollen wir ebenso wenig leben
wie in der dauernden Angst, auf dem falschen Weg zu sein.
Wir spüren, dass wir unterwegs sind,
ohne aber unsere Richtung, unseren Weg
oder gar unser Ziel klar zu sehen.
Auf den Spuren so vieler Sinnsucher
wenden wir uns an dich, o Gott,
und beten: Zeige uns den Weg zum Leben. Amen.

**Evangelium: Lk 15,11–24**
Das Gleichnis vom verlorenen Sohn

**Ansprache**
Menschsein – ein so gebräuchliches, viel zitiertes, glattes Wort. Wer bin ich eigentlich als Mensch? Wozu lebe ich? Diese Frage ist in unserer modernen Welt eher aus der Mode gekommen. Diese

Frage nach dem Sinn unseres Lebens beantwortet auch der perfekteste Computer nicht. Keiner von uns kommt darum herum, sich auf den Weg zu machen wie der junge Mann in unserem Gleichnis. Im Glauben an das machbare Glück ist er an die äußerste Grenze seines Lebens gelangt. Viel ausprobieren, viel wagen, dem Reiz des Verbotenen und Verrückten nachgehen aus Lust und Hunger nach dem eigenen Leben – das verbindet uns mit dem jüngeren Sohn in der Geschichte. Doch gerade in der Fremde, in der Krise, da wo er am Ende ist, da beginnt das eigentliche Abenteuer seines Lebens ... Wohin kann ich jetzt gehen, jetzt wo ich zutiefst spüre, dass ich mir die Antwort auf den Sinn meines Lebens nicht selber geben kann? Wohin?

Nach dieser Reise erinnert sich der junge Mann an seine Heimat, an seinen Vater, und aus dieser Erinnerung heraus wagt er in neuer, geklärter Selbsteinschätzung zurückzukehren ... und er wird froh aufgenommen und empfangen. Der Auszug des jungen Menschen auf der Suche nach seinem sinnerfüllten Leben mündet in die Selbsterkenntnis, dass der sinnstiftende Ort bei dem »Du« zu finden ist, bei dem er zu Hause war und immer wieder, selbst nach den größten Eskapaden, wieder ein Zuhause finden kann. Dieses Du, diese Vatergestalt ist ein Bild für Gott. Ein Du, das den Suchenden bedingungslos und voller Freude wieder aufnimmt.

Nicht: Ich denke, also bin ich, sondern: Ich werde geliebt, also bin ich – darin liegt das Geheimnis unseres Lebens. Diese Erfahrungsreise – mit nichts als der Einsicht des ohnmächtigen und beinahe nackten Menschseins dem entgegenzulaufen, der unsere innerste Heimat ist –, das ist das Wagnis des menschlichen, des christlichen Lebens.

Werde ich aufgefangen, wenn ich mich loslasse ... oder geht es mir wie einem anderen jungen Mann, der aus der Kriegsgefangenschaft seinem Vater schrieb: »Vater, ich bringe einen Freund aus dem Krieg mit, der ein Bein verloren hat.«

»Bring ihn mit«, sagte der Vater, »er wird bei uns Arbeit und Brot finden.«

»Aber es fehlen ihm auch beide Hände«, schrieb der Sohn im nächsten Brief.

»Dann wissen wir nichts mit ihm anzufangen«, antwortete der Vater.

Der Sohn kehrte nie aus der Kriegsgefangenschaft zurück. Er hatte von sich selbst geschrieben.

Wer nach seinem Gebrauchswert beurteilt, allein nach seiner Verwertbarkeit eingestuft wird, der erfährt in seinem Leben keinen Sinn.

Die meisten von uns haben gesunde Beine und Hände, aber auch wir spüren oft Gebrochenheiten in uns, Empfindungen von Minderwertigkeit, von Schuld, von Ängsten. In unserer Gesellschaft werden vor das Wort »Mensch« unübersehbar viele Adjektive gesetzt: der gute, der schöne, der leistungsstarke, und in der Schule immer wieder der kluge und schlaue Mensch. Wiederum gilt: Nicht im Credo der neuzeitlichen Aufklärung, »Ich leiste, ich denke, also bin ich«, sondern in der biblischen Erfahrung: »Weil du geliebt bist, bist du Mensch«, darin findet die Sehnsucht nach Sinn und Glück unseres Lebens zur Erfüllung.

Ich wünsche uns allen diese Erfahrung miteinander und mit unserem Gott, dessen Name lautet: »Ich bin da für dich.« Auf diesen Gott können wir vertrauen und losgehen auf die abenteuerliche Reise unseres Lebens. Grenzen und Dunkelheiten brauchen wir nicht zu scheuen. Mögen wir von dem Vertrauen begleitet und gestärkt werden, dass wir vom Ausgang bis zum Heimgang unserer Lebensreise zutiefst bejaht sind. Amen.

**Lied: Jeder Mensch dieser Erde ist unserm Gott heilig**
(nach der Melodie des Liedes: Jeder Teil dieser Erde ist meinem Volk heilig, Tr 161)

**Fürbitten**
Gott, viele junge Menschen sind mit ihrem Leben unzufrieden und unglücklich. Die Anforderungen und Umstände ihres Lebens verwirren, überfordern sie und treiben sie in Ratlosigkeit und Ängste. Sei du ihnen Halt und Orientierung.

Gott, nicht wenige junge Menschen empfinden ihr Leben als sinnlos. Sie haben ihre Träume aufgegeben, haben resigniert und sind oftmals sogar buchstäblich lebensmüde geworden. Schenke du ihnen wieder neue Lebens- und Hoffnungsperspektiven.

Gott, es gibt Augenblicke der Freude, der Zufriedenheit und des Glücks in unserem Leben. In solchen Hoch-Zeiten gelingenden Lebens ahnen wir deine Nähe. Sei du spürbar der Grund unserer Freude und der Grund unseres Lebens in allem, was wir erleben.

**Vaterunser**

**Segensgebet**
Offen sein möchten wir,
Unvollkommenheiten annehmen können, das wünschen wir uns.
Fähig sein uns zu ändern, das wollen wir,
so leben, dass wir noch alles vor uns haben,
so leben, dass wir stets das Empfinden haben,
es ist nicht zu spät umzukehren.
Mit Mut und Unerschrockenheit,
in Freiheit und Solidarität
weinen können mit den Weinenden,
lachen können mit den Lachenden,
voller Energie, voller Hoffnung, voller Erwartung
auf der Suche nach einem Lebensziel, das sich lohnt,
dazu segne uns der gute und Mensch gewordene Gott,
der Vater, der Sohn und der Heilige Geist. Amen.

**Lied: Halte deine Träume fest**

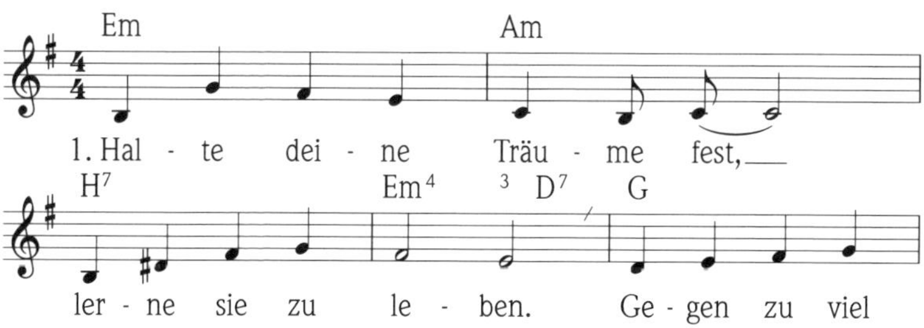

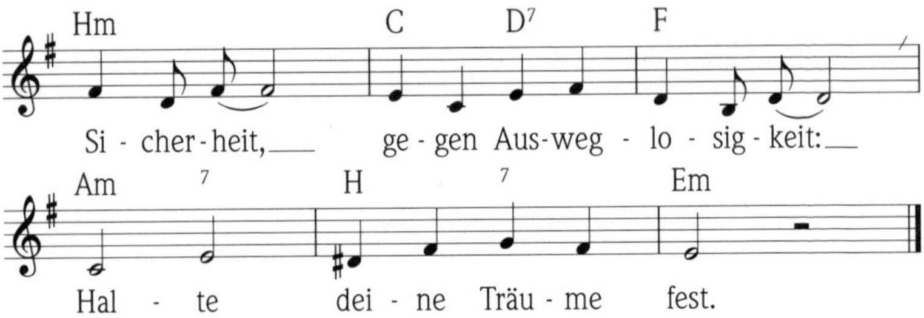


2. Halte deine Freiheit fest, lerne sie zu leben.
Fürchte dich vor keinem Streit,
finde zur Versöhnung Zeit:
Halte deine Freiheit fest.

3. Halte deine Liebe fest, lerne sie zu leben.
Brich mit ihr die Einsamkeit,
übe Menschenfreundlichkeit:
Halte deine Liebe fest.

T: Eugen Eckert M: Jürgen Kandziora

# 4. Dein Nachbar – nur ein Fremder?

Gottesdienst für die Sekundarstufen

### Hinführung

Der Begriff »fremd« wird in diesem Gottesdienst von verschiedenen Seiten beleuchtet. In Zeiten von Besitzstandswahrung, von Wohnraumsorgen, von hoher Arbeitslosigkeit wuchert bekanntlich eine undifferenzierte Abwertungsmentalität im Sinne von »Die Fremden nehmen uns die Arbeitsplätze weg!« Die Vorurteile gegen Menschen, die anders sind, sind geschichtlich und auch biblisch reich belegt und wurzeln offensichtlich in einem Empfinden von Bedrohung durch diejenigen, die nicht zu meinem »Clan« gehören. Es besteht bei diesem Thema also immer neu und in vielfältiger Weise ein Reflexionsbedarf. In diesem Gottesdienst wird angestoßen zu einem differenzierten, vorurteilsfreien Wahrnehmen des anderen, zu einem selbstkritischen Wahrnehmen des eigenen Selbst als rätselhaftem, fremdem Gegenüber und zu einer Offenheit und Bereitschaft, den anderen, den Fremden im Sinne des Evangeliums als Schwester und Bruder anzunehmen.

### Vorbereitung/Material

- Pantomime
- ein Stock, ein Stück Stacheldraht, ein Stein, eine Rose.

## Lied: caminando va

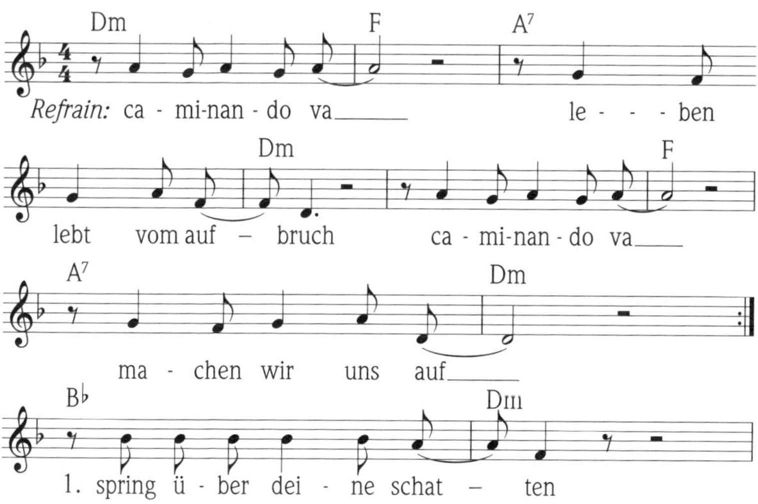

2. setz über tiefe gräben
   wenn dir kein ausweg bleibt
   die hoffnung gibt dir atem
   lässt dich weitergehn
   leben liegt auf dem weg

T und M: Pe. Irala, Deutsch von Thomas Laubach
Aus: Auf die Liebe setzen, 1995


## Begrüßung, Kreuzzeichen

## Text: Fremd sein

Wer sind die da?
Die anderen, die nicht zu uns gehören,
die Leute, die da,
sie sind später gekommen als wir:
in unser Land, in unsere Gegend, in unsere Stadt,
in unser Haus, in unsere Schule.
Die Fremden,
sie sind frech, aufmüpfig, komisch, unordentlich,
seltsam und vor allem:
Sie wollen so leben wie wir.
Sie erheben Anspruch auf Arbeit und Wohnungen,
als wären sie welche von uns.

Sie erschleichen sich, was wir mühsam gewonnen haben.
Sie heimsen ein, aber nicht sie, sondern wir sind einheimisch.
Darum ist Fremdsein ein Verbrechen,
das man nie wieder gutmachen kann.

**Hinführung zum Kyrie**

Schüler/in 1: Fremd sein hat viele verschiedene Gesichter. Fremd – wer ist das für euch? Ausländerinnen und Ausländer? Menschen in der nächsten Nähe? Ich mir selber? Gott? Fremd sein – das hat jede und jeder schon erlebt: Andere sind mir fremd oder ich bin anderen fremd.

Schüler/in 2: Wie groß ist der Kreis derer, die heute da sind? Wie offen ist der Kreis? Was wäre, wenn jemand hinzukommen wollte? Ein Fremder, eine Fremde? Was dann passieren könnte, wollen wir euch zeigen.

**Kyrie**

*Die folgenden Kyrieanliegen werden pantomimisch von einigen Schüler/innen dargestellt.*

Schüler/in 3: Wir sehnen uns nach Weite und lieben die Abwechslung. Im Alltag sind wir jedoch oft eng begrenzt auf die gewohnte Umgebung und die vertrauten Freundinnen und Freunde.

*Liedruf: Meine engen Grenzen (VLs 41, Strophe 1)*

Schüler/in 4: Wir sprechen andere Sprachen und sind stolz auf diese Fähigkeit. Oft genügt jedoch eine fremde Sprache oder ein anderer Dialekt, um mit Menschen keinen Kontakt zu suchen.

*Liedruf: Meine engen Grenzen (Strophe 2)*

Schüler/in 5: Kennt ihr das auch? Manchmal schaue ich in den Spiegel und glaube darin einen Fremden/eine Fremde zu sehen. Es gibt Tage, da verstehe ich mich selbst nicht, da kann ich nichts mit mir anfangen.

Meine eigenen Gefühle sind mir völlig fremd. Streitigkeiten sind dann schon fast vorprogrammiert. Solche Tage machen mir Angst.

*Liedruf: Meine engen Grenzen (Strophe 3)*

Schüler/in 6: Fremd sein hat viele Gesichter. Einige konnten wir sehen. Jeder und jede von uns kann weitere hinzumalen: eigene Gesichter von Situationen, in denen wir uns fremd gefühlt haben. Gesichter von anderen Menschen, die uns fremd waren oder sind. In einer Zeit der Stille wollen wir – jeder für sich – überlegen: Wann habe ich mich fremd gefühlt? Wann habe ich andere zu Fremden gemacht?

*Liedruf: Meine engen Grenzen (Strophe 4)*

**Gebet**

Guter Gott, immer wieder stoßen wir an unsere Grenzen,
wenn wir versuchen, uns selber oder andere anzunehmen.
Zu dir können wir kommen, so wie wir sind,
denn dir ist niemand fremd.
Du nimmst uns an, so wie wir sind.
Wir bitten dich: Ermutige uns, damit auch uns
ein Ja zu uns selbst und zu anderen gelingt. Amen.

**Evangelium: Mt 25,31–46**

Vom Weltgericht

**Ansprache**

Es gibt Kulturen, die den Respekt vor anderen Menschen reduzieren auf die Angehörigen des eigenen Stammes oder Volkes. Viele Beispiele der Verständigungsschwierigkeiten zwischen Völkern dieser Erde ließen sich anführen, aber weit vorher beim »kleinen Stamm« beginnt bereits dieses Problem: Wie sieht es aus zwischen euren Cliquen? Wie geht es zu zwischen euch und euren unmittelbaren Banknachbarn in der Schule? Können wir zunächst einmal wahrnehmen und zugeben, dass wir selbst oft schon in unseren kleinen Mikrowelten vor unsere Grenzen, unsere eigene Unbeweglichkeit stoßen, die uns Allernächsten so anzunehmen wie sie sind? Die andere Seite: Immer früher seid ihr heute schon vertraut mit dem Computer und dem Internet. Als sei es das Normalste von der Welt, chatten viele schon mit Menschen aus anderen Erdteilen. Wir betrachten es als selbstverständlich, dass wir die High-Tech-Produkte Japans, die Kaffeesorte aus Kolumbien, die McDonald's-Kultur aus den USA, die Pizza aus Italien, den Döner aus der Türkei konsumieren. Aber sind wir dieser weltweiten Öffnung auf andere hin überhaupt gewachsen? Oder beschränkt sich diese Offenheit nur auf den Handel der Völker untereinander? Das wäre schlimm, denn dann ginge es wieder nur um die Fortsetzung der Bereicherung der einen auf Kosten der anderen

Wir brauchen ein Fundament in uns, das uns befähigt, uns mit Wertschätzung denen zuzuwenden, die anders sind als wir. An dieser Stelle ist die Schriftlesung, die wir gehört haben, eine ungeheure Herausforderung. Denn im radikalen Sinne anders und fremd sind den allermeisten von uns die Menschen, die arm und obdachlos sind. Wenn wir diesen Menschen begegnen, dann spüren wir Widersprüchlichkeit in uns, wir spüren unsere Begrenztheit. Wir spüren aber vielleicht auch, dass uns durch die konkreten Begegnungen mit den anderen die Augen geöffnet werden. Letztlich werden uns im biblischen Sinne die Augen geöffnet für »den anderen schlechthin«, für Gott, der uns in der Zuwendung zu den Fremden verändern, erneuern und begegnen will.

**Gemeinsames Fürbittgebet**

Herr, lass mich trachten
nicht dass ich getröstet werde, sondern dass ich tröste,
nicht, dass ich verstanden werde, sondern dass ich verstehe,
nicht dass ich geliebt werde, sondern dass ich liebe.
Denn wer sich hingibt, der empfängt,
wer sich selbst vergisst, der findet,
wer verzeiht, dem wird verziehen
und wer stirbt, der erwacht zum ewigen Leben.

*Franziskus von Assisi*

**Aktion: Fremden begegnen**

*Zur praktischen Veranschaulichung unserer Bitten um eigene Veränderung werden verschiedene Gegenstände zum Altar gebracht.*

Schüler/in 1: Gott, ich lege auf den Altar diesen Stock. Ein Werkzeug – zum Schlagwerkzeug missbraucht. Menschen und Tiere werden noch heute damit gequält, gefoltert und misshandelt. Gott, öffne unsere Hände und nimm von uns alle Wut und Gewalt.

*Liedruf: Wenn das Brot, das wir teilen (Tr 140, Strophe 1)*

Schüler/in 2: Gott, ich lege auf den Altar diesen Stacheldraht. Er verletzt, zerreißt und schließt Menschen und Tiere auf oftmals grausame Weise ein. Stacheldraht, ein Symbol für die Erniedrigung und Ausgrenzung. Gott, öffne die Zäune zwischen allen Menschen und schenke uns die Fähigkeit, in der Freiheit der Kinder Gottes uns mit unseren Unterschieden einander vertraut zu machen.

*Liedruf: Wenn das Brot, das wir teilen (Strophe 2)*

Schüler/in 3: Gott, ich lege auf den Altar diesen Stein. Er ist ein Zeichen für die Verhärtung unserer Herzen, für die Undurchdringlichkeit und Kälte, an der deine Botschaft von der Liebe abprallt. Wer steinhart geworden ist, ist schon heute tot für jeden Neubeginn. Schenke uns immer neu unsere Empfindsamkeit zurück. Berühre unser Herz im Angesicht eines jeden Menschen.

*Liedruf: Wenn das Brot, das wir teilen (Strophe 3)*

Schüler/in 4: Herr, ich bringe zum Altar diese Rose. Die Rose steht für den Zauber, den widerstandsfähigen Lebenswillen und vor allem für die Anmut der Liebe, von der wir leben. Lass uns selbst zur Rose werden für andere – gerade dann, wenn Dunkelheit und Gewalt unter uns sich ausbreiten.

*Liedruf: Wenn das Brot, das wir teilen (Strophe 1)*

**Vaterunser**

**Lied zum Friedensgruß: Hewenu shalom alechem**
(Tr 54)

**Segensgebet**
Gott segne unsere Herzen,
damit sie weit werden und alles Leben annehmen können.
Gott segne unsere Hände,
damit wir einander die Hände reichen in Freundschaft.
Gott segne unsere Füße,
damit sie Barrieren überspringen und wir zueinander finden.
Dazu segne uns Gott,
der Vater, der Sohn und der Heilige Geist. Amen.

**Lied: Eingeladen zum Fest des Glaubens**

2. Und so kamen sie in Scharen, brachten ihre Kinder mit,
ihre Kranken, auch die Alten, selbst die Lahmen hielten Schritt.
Von der Straße, aus der Gosse kamen Menschen ohne Zahl,
und sie hungerten nach Liebe und nach Gottes Freudenmahl.

3. Und dort lernten sie zu teilen Brot und Wein und Geld und Zeit;
und dort lernten sie zu heilen Kranke, Wunden, Schmerz und Leid;
und dort lernten sie zu beten, dass dein Wille, Gott, geschehe;
und sie lernten so zu leben, dass das Leben nicht vergehe.

4. Aus den Dörfern und aus Städten, von ganz nah und auch von fern,
mal gespannt, mal eher skeptisch, manche zögernd, viele gern,
folgen wir den Spuren Jesu, folgen wir dem, der uns rief,
und wir werden selbst zu Boten, dass der Ruf noch gilt, der lief:
Eingeladen zum Fest des Glaubens ...

T: Eugen Eckert M: Alejandro Veciana

# 5. Die Wandlung des stolzen Bauern

Adventsgottesdienst für die Sekundarstufe I

**Hinführung**

Der folgende Gottesdienst bietet allen Schülerinnen und Schülern einer Klasse die Möglichkeit der aktiven Mitgestaltung. Das im Mittelpunkt stehende Krippenspiel bedarf intensiver Einübungszeit. Zugleich ist die Dynamik des Spiels von der Veränderung des stolzen Bauern und seiner Aufseher reich an inneren und äußeren Bildern, so dass die Schüler/innen durch die Identifikation mit den angebotenen Rollen einen Erfahrungs- und Erlebnisprozess durchlaufen, der den Kerngehalt der Geschichte unmittelbar erfahrbar macht. Das Anliegen der Ansprache im Gottesdienst dient zum einen dazu, die Geschichte als »Weihnachtsgeschichte« zu unterstreichen, sie aber auch hineinzuholen in die konkrete Alltagswelt der Schüler/innen.

**Vorbereitung**

- Einübung des Weihnachtsspiels (4 Hirten, Bauer, 3 Aufseher, Frau, Wirt)

## Begrüßung, Kreuzzeichen

## Lied: Schnee schmilzt

(DZf 60)

## Gebet

Guter Gott, schon lange freuen wir uns auf Weihnachten.
Du schickst uns Jesus, deinen Sohn.
Er ist unser Freund. Wir feiern seinen Geburtstag.
Wir freuen uns auf die Geschenke.
Das größte Geschenk aber,
das du uns und allen Menschen machst,
ist dass du uns Jesus schenkst,
der zu uns allen kommen will damals wie heute.
Durch ihn bist du uns ganz nahe.
Auch jeder von uns kann ein Geschenk sein
für andere, besonders an Weihnachten.
Öffne unsere Augen und lass uns sehen,
wie wir für andere ein Geschenk werden können. Amen.

**Rollenspiel, 1. Teil**

*Drei oder mehr Hirten kommen, den Weg suchend, auf die Spielfläche.*

1. Hirte: Es ist unglaublich!
2. Hirte: Aber doch, es waren Engelsstimmen, die uns auf den Weg geschickt haben.
3. Hirte: In dieser Nacht wird euch der Erlöser geboren, und ...
4. Hirte: Und wir, wir sollen die Ersten sein, die es erfahren.
1. Hirte: Wir erbärmlichen Geschöpfe!!!
2. Hirte: Und unser Herr, der herrische und reiche Bauer, liegt in seinem weichen Himmelbett und merkt nichts davon, dass in einem armen Stall in Bethlehem der Erlöser der Welt geboren wird.

*Aus dem Hintergrund kommen mit lauten Schritten der Bauer und seine Aufseher.*

3. Hirte: Von wegen, merkt nichts!
Bauer: *(laut)* He, meine Hirten, was ist los?
4. Hirte: Kommt, lasst uns weitergehen.

*Die Hirten gehen langsam einige Schritte weiter.*

Bauer: Was ist denn mit euch los? Was fällt euch ein, mitten in der Nacht von meiner Herde wegzulaufen?
1. Hirte: Kommt, wir hören nicht auf ihn. Heute ist die unglaubliche Botschaft der Engel wichtiger als das Geschrei des Bauern.

*Die Hirten verschwinden für eine Weile von der Spielfläche, während der Bauer sich nachdenklich hinsetzt und ein Selbstgespräch führt.*

Bauer: Wovon haben die da gesprochen? Heute Nacht soll der Erlöser geboren worden sein?! Wenn das wirklich stimmen sollte, dann darf ich da nicht fehlen!! Doch zuerst muss ich noch schnell meinen Pelzrock und die neue Kappe aufsetzen. Denn ich muss ja schließlich zeigen, wer ich bin!

*Der Bauer geht in dieselbe Richtung ab, aus der er gekommen ist. Während das Lied »Kommet, ihr Hirten« angestimmt wird treten die Hirten wieder auf und stellen sich schweigend zur Krippe.*

**Lied: Kommet, ihr Hirten**
(Gotteslob)

**Rollenspiel, 2. Teil**

*Der Bauer kommt aufgeputzt mit seinen Aufsehern auf die Spielfläche.*

1. Aufseher: Es sind von den Hirten keine Spuren mehr zu entdecken. Nichts mehr. Ach, was brauchen wir deren Spuren? Der göttliche Erlöser kann ja nur dort drüben im Schloss zu Welt gekommen sein.

*Langsam gehen sie weiter.*

2. Aufseher: Das Kind wird gewiss im schönsten Marmorsaal in einer goldenen Wiege liegen. Und wenn du den Saal betrittst, wird die Gottesmutter zu dem Kindlein sagen: Siehst du, der dort kommt in dem schönen Pelzrock und in der neuen Pelzkappe, das ist der reiche Bauer.

3. Aufseher: So, hier ist das Schloss. Jetzt werden wir kräftig klingeln. – Nanu, warum tut sich denn hier nichts? Es bleibt alles still! Eigenartig. *(überlegt)* Wenn das Kind nicht im Schloss zu finden ist, kann es nur unten im Dorf zur Welt gekommen sein. Also gehen wir ein Stück weiter.

*Sie gehen einige Schritte auf den Dorfbrunnen zu. Dort sitzt eine Frau mit ihrem Kind auf einem Stein.*

Bauer: He, du junges Bettelweib, was tust du mit deinem armseligen Kind hier mitten in der Nacht?

*Sie sind schon zwei Schritte an den beiden vorbei, da halten sie inne.*

Bauer: Was blickt mich denn dein Kind so merkwürdig an? So, als ob es mich nicht mehr loslassen wollte ...

Frau: Mein Kind friert! Du siehst, es ist ja kaum bekleidet. Wir haben nichts zu essen und nichts anzuziehen.

Bauer: Frau, du hast Glück! *(zum Publikum)* Ich muss jetzt etwas tun, wogegen ich mich innerlich nicht wehren kann. Ich werde mich von meiner warmen Kappe trennen. So etwas tue ich normalerweise nie!

*Der Bauer nimmt langsam seine Pelzkappe ab und legt sie auf das Kind.*

Bauer: Du siehst, die Kappe ist groß genug. Das ganze Kindlein kann sich darin einhüllen.

*Sie gehen weiter.*

2. Aufseher: Nun, das göttliche Kind wird dich, den reichen Bauern, auch ohne Kappe gerne sehen. Es ist ohnehin nicht fein, wenn man im Saal die Kappe auf dem Kopf lässt. Außerdem zeigt ja dein schöner Pelzrock deutlich genug, wer du bist!

*Sie gehen einige Schritte in Richtung Zuschauer.*

1. Aufseher: Probieren wir es doch einmal im schönsten Haus des Dorfes. Wenn überhaupt im Dorf, dann muss das göttliche Kind hier zur Welt gekommen sein. Ich hoffe, dass sie hier unser Klopfen hören. *(klopft pantomimisch an)* Seltsam! Auch hier in diesem schönen Haus bleiben alle Fenster finster. Kein Mensch macht uns auf!

3. Aufseher: Sollte das göttliche Kind auch hier nicht zur Welt gekommen sein? Dann gibt es nur noch eine Möglichkeit: drüben beim Wirt in der Gaststube. Dann probieren wir es eben auch dort. Leute wie wir kommen doch nie zu spät!!

*Sie gehen auf die andere Seite der Spielfläche. Dabei kommen sie wieder am Dorfbrunnen vorbei.*

Bauer: *(zur Frau)* Ja, du sitzt ja immer noch hier in dieser Kälte mit deinem Kind! Normalerweise ist mir das ja gleichgültig, wenn die Leute es nicht schaffen, zu Geld zu kommen, damit sie sich einigermaßen versorgen können. Aber du kannst dich ja kaum noch aufrecht halten vor Frost. *(nachdenklich)* Ich sage dir, Bettelweib, in dieser Nacht geht etwas ganz Merkwürdiges in mir vor. Ich kann nicht erklären warum, aber ich werde meinen warmen Pelzrock ausziehen und ihn dir über die Schultern legen.

*Er legt seinen Pelzrock der Frau über die Schultern. Die drei gehen ein paar Schritte weiter in Richtung Wirtshaus.*

2. Aufseher: Das göttliche Kind wird dich wohl auch ohne deinen Pelzrock gerne sehen. Es macht ja auch nicht so viel aus, wenn du nicht so fein ausschaust. Die Hauptsache ist doch, dass wir das Kindlein endlich finden.

Frau: *(spricht zu ihrem Kind)* Jetzt sieht der reiche Bauer tatsächlich nicht viel anders aus als einer seiner armen Hirten. Und wie es ihn friert!

*Die Frau geht während des folgenden Liedes mit ihrem Kind zur Krippe. Als sie ankommt, knien die Hirten nieder. Die Frau legt die Pelzjacke ab.*

**Lied: Alle Knospen springen auf**
(Tr 111, Strophen 2–4)

**Rollenspiel, 3. Teil**
*Der Bauer und die Aufseher kommen am Wirtshaus an.*

Bauer: Hallo, ist hier jemand? Komisch! In einem Wirtshaus muss doch immer jemand sein!

*Der Wirt betritt die Spielfläche.*

Wirt: Was soll denn der Lärm mitten in der Nacht?

Bauer: Ist bei dir heute Nacht das göttliche Kind geboren?

Wirt: Was soll denn diese Frage? Verschwinde, du armer Bettelmann, du Störenfried!

Bauer: Gib mir nur schnell eine Antwort.

Wirt: Damit du Ruhe gibst: Von einem Kind weiß ich nichts. *(wendet sich bereits ab)* Könnte höchstens im Stall draußen sein. Dort sind heute Bettelleute über Nacht. Und jetzt lass mir meine Ruhe.

*Der Bauer wendet sich um und geht langsam in Richtung Krippe.*

Bauer: Da sind ja meine Hirten! Und eine Frau ... aber ... du bist doch die arme Bettelfrau! Dich habe ich doch beim Dorfbrunnen gesehen! Da hattest du doch noch meinen Pelzrock um die Schultern? Mein Gott! Und jetzt sehe ich auch ihr kleines Kindlein hier in der Krippe liegen! Richtig! Das Kind ist noch mit meiner neuen Pelzkappe umhüllt. Hier habe ich dich niemals vermutet! Und gerade hier habe ich dich, das göttliche Kind, gefunden.

*Während des nächsten Liedes kniet sich der Bauer neben seine Hirten vor die Krippe, und gemeinsam verehren sie das göttliche Kind.*

**Lied: Wunder der Nacht**
(DZf 32)

**Evangelium: Lukas 2,8–20**
Die Hirten an der Krippe

**Ansprache**
Das Spiel erzählt von einfachen Menschen, die wenig besitzen, die auch sich selbst nicht für wichtig und bedeutend halten. Menschen, die nicht stolz und eingebildet sind. Menschen, die offen sind, die sich bewegen lassen können in ihrem Herzen. Die Hirten.
Sie haben ein Vertrauen in die Boten Gottes, in die Stimmen der Engel, das stärker ist als alle Zweifel. Sie gehen sofort los. Ihr Vertrauen in Gott ist stärker als alle Zweifel, stärker als die Angst vor

dem Bauern. Sie folgen dem Ruf der Engel, nichts kann sie aufhalten und sie sind die Ersten, die beim göttlichen Kind ankommen.
Und dann sind da die Menschen, die denken und handeln, wie es stolzen und reichen Menschen entspricht: der Bauer und seine Aufseher. Die prunkvolle Kleidung ist dem Bauern ebenso wichtig wie die Vorstellung, dass der Erlöser doch gewiss auch in einem prunkvollen Schloss zur Welt kommen müsse.
Doch von Anfang an ist da noch eine andere Kraft in der Geschichte am Werk: Der Bauer bleibt nicht vor lauter Stolz zu Hause, sondern er geht los, lässt sich bewegen. Als der Bauer die arme Frau mit dem frierenden Kind trifft, rührt ihn Mitleid. Er lässt sich verändern, er gibt ab von seinen Kostbarkeiten. Doch zum Erkennen reicht es noch nicht. Noch hängt er an seinem Besitz und seinem Bild von einem glänzenden, prächtigen Erlöser.
Doch er gibt nicht auf, sucht weiter, wieder lässt er sich anrühren von der Not des Kindes, verliert wieder ein Stück seines Stolzes und gibt ab von seinem Besitz. Nun muss er sich selbst von einem anderen stolzen Menschen, dem Wirt, als Bettelmann beschimpfen lassen. Er, der arm gewordene König, erfährt am eigenen Leib, was es heißt, fremd und obdachlos zu sein. Und so findet er das Kind, arm, bei Maria, der armen jungen Frau. Kein Besitz und Stolz verschließt nun mehr seine Augen. Er hat sich anrühren, bewegen und verändern lassen, er hat seinen Stolz abgelegt und ist arm geworden. Nur so hat er Jesus, das göttliche Kind gefunden, arm und menschlich wie er und wie seine Hirten.
Was heißt Weihnachten in dieser Geschichte? Es heißt: Lassen wir uns in Bewegung setzen von der Botschaft: Der Erlöser, das göttliche Kind ist geboren. Gehen wir los und trauen dieser Botschaft mehr als den Zweifeln und Ängsten in uns. Und: Lassen wir uns verwandeln von der Not der Menschen, denen wir auf unserem Weg begegnen. Geben wir ab von unserem Stolz, von unserem Überfluss, von unserem äußeren Gehabe. Wir brauchen uns nicht mehr schämen, einfache, menschliche Menschen zu werden, selbst wenn wir von anderen buchstäblich »dumm angeschaut« werden. Wenn wir unseren Stolz und unseren Reichtum loslassen, dann begegnen wir auch heute dem göttlichen Kind, dem armen, Mensch gewordenen Gott mitten in unserem Leben.

**Fürbitten**
Wir denken an alle Menschen, die durch Kriege und Gewalttätigkeiten verletzt und getötet werden, an alle Kinder, die Vater, Mutter und Geschwister verloren haben, an alle jungen Menschen, denen die Chance zu einem menschenwürdigen Leben verwehrt wird.

Wir bitten für alle, die anderen Gewalt antun oder andere misshandeln, für alle, die in ihrem Wohlstand die Not anderer Menschen nicht mehr sehen, für alle, die Menschen in Not, besonders den Kindern, nicht helfen

Wir bitten dich, guter Gott: Lass uns nach deinem Beispiel leben und handeln, sodass wir uns wie der stolze Bauer in der Geschichte bewegen und berühren lassen von der Not und Armut anderer Menschen, in denen du uns begegnest, sodass wir merken, wann es auf uns ankommt.

**Lied: Seht ihr unsern Stern dort stehen**
(VLs 48)

**Vaterunser**

**Friedensgruß**

**Schlussgebet**
Guter Jesus, die Hirten und auch der Bauer
haben sich auf den Weg gemacht.
Nun haben sie dich in einem Stall, in einer Krippe gefunden,
weil nirgends Platz für dich war.
Es liegt an ihnen und auch an uns,
dir einen Platz zu bereiten:
in uns selbst und in unserem Leben.
Auf unseren Wegen begegnen wir vielen Menschen,
die sich einsam und allein fühlen, auch in unserer Schule.
Menschen, die arm und in Not sind,
Menschen, die kein Zuhause haben,
Menschen, die abseits stehen, die hilflos sind,
sogar Menschen, die Hunger haben.

Guter Gott, es gibt Zeiten, da wird uns bewusst,
dass wir den Weg zu dir verpasst haben.
Dann müssen wir innehalten und uns neu orientieren,
so wie der Bauer sich durch die Begegnung
mit dem Kind verändern ließ. Hilf uns dabei. Amen.

**Segen**

So segne uns, guter Gott,
dass wir den Mut haben
und die Liebe in uns wachsen lassen,
die du uns durch das göttliche Kind geschenkt hast.
Es segne uns der Vater, der Sohn und der Heilige Geist. Amen.

**Lied: Stern über Bethlehem**

(Tr 257)

# 6. Dass wir Wege zur Krippe finden

Adventsgottesdienst für die Sekundarstufe II

**Hinführung**

Adventszeit: Zeit sich auf den Weg zu machen, Zeit, neben den vielen Wegen den einen Hauptweg zu entdecken, der uns zum guten Leben, zum vollen Menschsein, zum Mensch gewordenen Gott hinführt. Schuhe sind für Jugendliche heute ein Kleidungsstück, das weit mehr als den Zweck des Sich-Fortbewegens zu erfüllen hat. Durch die Art und Marke der Schuhe drücken Jugendliche ihren Stil, ihre Einstellung und damit ihre persönliche Vorliebe für einen bestimmten Lebenstrend bzw. Lebensweg aus. Dieses Symbol wird im Kyrie aufgegriffen und kritisch befragt. Als zweites Medium wird das bekannte Bild »Wege« von Paul Klee eingesetzt. Teile aus der Biografie und den Aufzeichnungen einer Ägyptenreise von Paul Klee werden der Schriftlesung aus dem Jesajabuch gegenübergestellt, sodass die Schriftauszüge sich gegenseitig interpretieren.

**Vorbereitung/Material**

- für jede/n Schüler/in ein flaches Glas mit einem Teelicht und der Gebetstext
- CD-Player, meditative Musik
- Diaprojektor/Dia: Paul Klee, »Haupt- und Nebenwege« (1929, Öl auf Leinwand, Quelle: Kammerlohr, Epochen der Kunst, Bd. 5, Vom Expressionismus zur Postmoderne, München/Wien 1997)
- Einige Schüler/innen sind darauf vorbereitet, ihre Schuhe vor dem Altar auszustellen.

## Begrüßung, Kreuzzeichen

## Lied: Und so grüßte der Himmel die Erde

(DZf 154)

## Hinführung zum Kyrie

Wenn heute zum letzen Mal in diesem Jahr der Schulgong ertönt, wird mancher von uns aufatmen mit dem Gedanken: In den kommenden 14 Tagen wird alles anders. Statt Hektik am frühen Morgen Ruhe und Zeit. Statt Klausurstress Erholung und Freude. Statt vielem, was ich tun muss, kann ich tun, was ich will – endlich Weihnachtsferien! Doch schon heute oder in den nächsten Tagen stehen noch viele Wege an: Für manche von uns Wege in den

Urlaub, vor allem aber Wege, um die letzten Weihnachtsgeschenke zu besorgen, Wege zu Freunden und Verwandten, um mit ihnen Weihnachten zu feiern. Schenken und beschenkt werden gehört neben einem festlichen Essen für die meisten von uns zum Heiligen Abend und den Weihnachtstagen. Auch wir möchten euch zu Beginn unseres Weihnachtsgottesdienstes etwas schenken.

*Löschen aller Lichter*

**Kyrie**

Finsternis! Dunkelheit!
Wir haben Mühe, uns zurechtzufinden.
Dunkelheit ist unheimlich und bedrückend.
Herr, erbarme dich.

Dunkelheit, das ist nicht nur Abwesenheit einer Lichtquelle.
Dunkelheit bedeutet auch Unklarheit, Ausweglosigkeit, Orientierungslosigkeit.
Christus, erbarme dich.

Dunkelheit ist das, was ich an mir und an anderen nicht verstehe.
Dunkelheit, das macht den anderen zum Rätsel, ich sehe ihn nicht.
Herr, erbarme dich.

**Aktion: Licht verschenken**

Wir möchten euch heute Morgen Licht schenken.

*Meditative Musik wird eingespielt.*

Wir möchten euch kein Licht schenken,
das unbarmherzig grell ist, kein Licht,
das bloßstellt und durchleuchtet,
sondern ein warmes, barmherziges Licht.
Weniger Dunkelheit bedeutet weniger Angst,
mehr Sicherheit, mehr Klarheit.
Licht macht den Blick hell.
Jeder soll heute Morgen den anderen in einem guten Licht sehen.
Wir schenken euch Licht,
damit ihr einen Blick füreinander bekommt,

den Weg zueinander leichter findet,
damit ihr das Wichtigste verschenken könnt,
was ihr habt: euch selbst.

*Alle Schüler/innen erhalten ein Glas mit einem brennenden Teelicht, das von den Adventskerzen aus entzündet wird.*

**Gemeinsames Gebet**

Guter Gott, du brauchst Menschen,
die Hoffnung und Vertrauen schenken,
die Frieden stiften,
die deine Schöpfung schützen und bewahren,
damit es wirklich Weihnachten in unserer Welt werden kann.
Es ist nicht leicht, als wacher Christ zu leben,
die Augen und das Herz zu öffnen
für die Welt und die Menschen ringsum.
Hilf uns, wenn wir uns bemühen, dir nachzufolgen. Amen.

**Thematische Hinführung**

Leiter/in: Ihr habt euch sicher gewundert, als ihr beim Betreten der Kirche die vielen Schuhe um den Altar gesehen habt. Diese Schuhe sind die Lieblingsschuhe einzelner Mitschülerinnen und Mitschüler. Mit ihnen verbinden sich viele Erinnerungen an bestimmte Situationen im vergangenen Jahr. Schon auf den ersten Blick erkennt man, dass die Schuhe ganz unterschiedlich angeordnet sind: zwei Paare beieinander, eines allein, manche in »Ruheposition«, andere in »Gehposition«. Ihr werdet euch fragen, was das alles mit einem Vorweihnachtsgottesdienst zu tun hat.
Wir wollen euch heute Morgen einladen, mit uns über das Thema »Wege« nachzudenken. Der Advent ist die Zeit, uns neu auf den Weg zu machen zum anderen und zum ganz anderen, der uns entgegenkommen will. Lasst euch überraschen von dem, was diese Schuhe erzählen.

*Die Schüler/innen stellen ihre Schuhe vor.*

Schüler/in 1: Meine Lieblingsschuhe sind meine schwarzen Doc Martens. Sie gehen bis über die Knöchel, sind sehr bequem und so stabil, dass ich sie schon zwei Jahre trage. Mit ihnen lässt sich so manche Strapaze in und außerhalb der Schule aushalten.

Leiter/in: Die vergangenen Schulwochen waren geprägt von Bewegung. Zu Beginn des Schuljahrs wurden euch sehr, sehr große Schuhe in die Hand gedrückt. In der Oberstufe galt es plötzlich, in neue Passformen hineinzuwachsen, die nur mit harter Arbeit eingelaufen werden konnten. Mancher ist bei einer schlechten Note »aus den Latschen gekippt«. Erwartungen wurden enttäuscht – durch andere und durch uns selbst.

**Lied: Den Weg wollen wir gehen**
(Tr 144, Strophe 1)

Schüler/in 2: Meine Lieblingsschuhe sind meine beigen Buffalos, denn sie sehen nicht nur gut aus, sondern sind auch warm und machen mich 7 cm größer. Weil sie so robust sind, lassen sich mit ihnen vor allem regnerische Wintertage gut überstehen.

Leiter/in: Bewegung bringt Veränderung. Einige von uns haben mit leichten, weiten Schritten Fortschritte gemacht. Andere sind gewachsen an den Hindernissen, die in den vergangenen Schulwochen zu bewältigen waren. Sie haben gelernt, Grenzen zu überschreiten, mancher hat sich dabei die Sohlen abgelaufen, aber auch die Freude über ein gutes Vorankommen erfahren.

**Lied: Den Weg wollen wir gehen**
(Strophe 2)

Schüler/in 3: Meine Lieblingsschuhe sind Skischuhe. Ich liebe den Winter und das Skifahren über alles und verbinde mit den Skischuhen den Schnee und den bevorstehenden Urlaub in den Weihnachtsferien.

Leiter/in: Schuhe sind eine Art Halt. In Bewegung sein, das bedeutet auch Gefahr, kann einen an den Rand der Erschöpfung bringen. Nicht immer war die Richtung, die zum Ziel führt, deutlich sichtbar. Seit Schuljahresbeginn sind wir eine schwierige Strecke gemeinsam gegangen, mancher von uns freut sich jetzt auf die Zeit zum Ausruhen mit Familie und Freunden.

**Lied: Den Weg wollen wir gehen**
(Strophe 3)

**Lesung: Jes 35/Bildbetrachtung**
*Das Bild von Paul Klee wird eingeblendet. Abwechselnd lesen zwei Sprecher/innen Texte aus der Bibel und aus der Biografie Paul Klees.*

Sprecher/in 1: Die Wüste und das trockene Land sollen sich freuen, die Steppe soll jubeln und blühen. Mit Blumen soll sie sich bedecken, jubeln soll sie, jubeln und jauchzen. Herrlich wie der Libanon soll sie werden, prächtig wie der Karmel und die Scharon-Ebene. Dann sieht das Volk die Herrlichkeit des Herrn, die Pracht und Hoheit unseres Gottes.

Sprecher/in 2: Am Anfang des Jahres 1929 konnte sich Paul Klee einen lange gehegten Wunsch erfüllen: eine Reise nach Ägypten. Sie währte zwar nur eine kurze Zeit, 7 Tage Kairo, Luxor, Assuan, hinterließ aber einen starken Eindruck auf ihn. Etwa ein halbes Jahr nach seiner Reise – zurückgekehrt in die Schweiz – malt Paul Klee dieses Bild, das Hauptbild der ägyptischen Reise. Waagerechte Linien ziehen sich über die ganze Fläche hin. Sie werden von unterschiedlich geneigten senkrechten Linien geschnitten. Dadurch entsteht ein Gitterwerk von unterschiedlich breiten und langen Bändern, die auch in der Dichte sich abwechseln. Die Farben bilden einen Akkord aus Gelb- und Blautönen mit eingesprengtem Rot.

Sprecher/in 1: In der Wüste brechen Quellen hervor und Bäche fließen in der Steppe. Macht die erschlafften Hände wieder stark und die zitternden Knie wieder fest! Sagt den verzagten Herzen: Habt Mut, fürchtet euch nicht. Dort kommt euer Gott! Er selbst kommt, er will euch befreien. Dann wird der glühende Sand zum Teich und das durstige Land zu sprudelnden Quellen.

Sprecher/in 2: Wenn man an Klees Ägyptenreise denkt, so ist es nicht schwer, das Bild vielleicht mit ägyptischen Nilwiesen zu verknüpfen. Am oberen Bildrand münden die Vertikalen in durchgehende blaue Querstreifen, mit denen man den Nil verbinden könnte. Paul Klee gibt seinem Bild aber einen ganz anderen Titel: Er nennt es »Haupt- und Nebenwege«. Wir sehen viele Wege, die sich alle zum oberen Bildrand hin über die Fläche ziehen. Der »Hauptweg« fällt am meisten ins Auge; er ist breit, hell, an den Rändern ganz gleichmäßig und geradlinig. Wie eine erleuchtete Bahn zieht er hinauf. Die »Nebenwege« dagegen sind schmal und verwinkelt, haben Ecken und Stufen, verengen und verbreitern sich.

Sprecher/in 1: An dem Ort, wo jetzt die Schakale sich lagern, gibt es dann Gras, Schilfrohr und Riedgras. Eine gute Straße wird es dort geben; den Heiligen Weg wird man sie nennen. Es wird keine Löwen dort geben, kein Raubtier betritt diesen Weg, keines von ihnen ist hier zu finden, dort gehen nur die Erlösten. Aus ihren Augen strahlt grenzenloses Glück, Wonne und Freude bleiben bei ihnen, Kummer und Seufzen sind für immer vorbei.

**Ansprache**

Paul Klee sah beim Malen dieses Bildes die Weite des Nildeltas vor sich, der Prophet Jesaja dachte an die Landschaft Judäa, die das nach Babylon verbannte Volk Israel wiedersehen sollte in all ihrer Pracht, schön wie das Paradies.

Text und Bild sind aber weit mehr als eine in Wort und Bild eingefangene Landschaft.

Die Landschaft, von der hier die Rede ist, ist ein Bild von uns selbst, jeder Einzelne von uns ist so eine Landschaft. In jedem von uns gibt es Wüsten und vertrocknete Gebiete, Stunden, mit denen wir nichts anfangen können, auch Schulstunden, Lustlosigkeit und Angst, Abgründe, über die wir selbst erschrecken.

In jedem von uns gibt es Raubtiere: Manchmal zerreißen wir uns den Mund über andere, kommen wir selbst uns wie zerrissen vor, können aus der Haut fahren und wissen nicht warum.

Aber da gibt es auch die Gärten: Teiche, Blumen, Bäche, Berge – Symbole für gelungene Freundschaften, für gelungene Feste, für sinnvolle Stunden, für in uns nachklingende Erlebnisse.

Der Hauptweg, die gute Straße, der heilige Weg – unser Wunschweg?

In den vergangenen Wochen hat jeder von uns erfahren, dass sein Wunschweg nicht immer so geradlinig weitergeht, sondern abbricht, verstellt ist. Verschiedene Erlebnisse haben uns eine Zeit lang aus der Bahn geworfen, gezwungen, neue Pfade zu suchen. Paul Klee zeigt eine große Zahl von Wegen und Pfaden neben dem Hauptweg, und er zeigt besonders viel Farbe und Abwechslung auf ihnen. Nebenwege als Chance zu neuen Entdeckungen. Der Prophet Jesaja wusste um die Irr- und Umwege, die das Volk Israel in die babylonische Gefangenschaft geführt hatten, er vertraute aber auch einem Gott, der die krummen Wege gerade werden lässt.

Wo Menschen, wo wir diesem Gott glauben, uns an ihm orientieren, seinen Weg zu gehen versuchen, wird auch unser Weg ein heiliger Weg, ein Weg des Glücks für uns und unsere Umgebung, ein Weg voll echten, wahren Lebens. Etwas von der Lebenslust und dem Vertrauen des Propheten Jesaja den Möglichkeiten des Lebens gegenüber, etwas vom Mut des Volkes Israel zum Aufbruch aus dem Gewohnten, von seinem Mut zur Suche nach ungewöhnlichen Haupt- und Nebenwegen möchten wir euch und Ihnen für das kommende Weihnachtsfest wünschen. Der Advent ist die Zeit, um uns neu auf den Weg zu machen zum anderen und zum ganz anderen, zum Mensch gewordenen Sohn Gottes, der uns auf unseren krummen und geraden Wegen entgegenkommen, bei uns ankommen will.

*Kurze Stille*

**Lied: Maranatha**
(DZf 17)

**Fürbitten**
*Fürbittruf: Herr, erbarme dich unserer Zeit (Tr 197)*
Guter Gott, es gibt den alten Brauch, zu Weihnachten einen Wunschzettel zu schreiben. Im Vertrauen auf dein Versprechen, uns nahe zu sein, bringen wir unsere Wünsche vor dich.

Für alle, die unterwegs sind, ohne es zu wollen, auf der Flucht vor Hunger, Krieg und Verfolgung: Schenke ihnen Gerechtigkeit und Frieden und gib, dass tatkräftige Solidarität ihrer Mitmenschen für sie spürbar wird.

Für alle, die am Rande stehen, die ohne Arbeit, ohne Wohnung und ohne Teilhabe am gesellschaftlichen Leben sind: Hilf ihnen und sei ihnen nahe. Lass uns Menschen sein, die nach Wegen suchen, das Leid des Einzelnen und die Ursachen der Armut zu überwinden.

Für alle, die unter Ungerechtigkeiten leiden: Schenke ihnen mehr Verständnis in den Familien, im Freundeskreis, in der Schule.

Für jeden und jede Einzelne von uns: Schenke uns Zuversicht, Selbstannahme und Selbstvertrauen auf dem Weg zum Abitur und Freude an Weihnachten – nicht nur über die Geschenke, sondern darüber, dass mit der Menschwerdung Jesu uns hoffnungsvolles Leben möglich wurde.

Guter Gott, du hast unsere Wünsche gehört und du kennst auch die vielen unausgesprochenen Wünsche, die jeder von uns hat. Wir bitten dich, begleite uns auf unseren Wegen und gib uns das, was wir zum Leben brauchen – durch Jesus Christus, unseren Bruder und Herrn. Amen.

**Friedensgruß**

Ich wünsche dir Augen, die die kleinen Dinge des Alltags
wahrnehmen und ins rechte Licht rücken.
Ich wünsche dir Ohren, die die Schwingungen
im Gespräch mit anderen aufnehmen.
Ich wünsche dir Hände, die nicht lange überlegen,
ob sie helfen wollen.
Ich wünsche dir zur rechten Zeit das richtige Wort,
ich wünsche dir ein liebendes Herz,
von dem du dich leiten lässt,
damit überall, wo du bist, Friede einzieht.
All das wünsche ich dir
mit dem Friedensgruß dieses Gottesdienstes.

**Lied: Herr, gib uns deinen Frieden**

(Tr 143)

**Vaterunser**

**Segen**

Um die Liebe und Zuneigung, um den Segen dieses Gottes,
der überall auf uns zukommt,
wo wir Mensch werden, wie er Mensch geworden ist,
wo wir mit unseren Talenten, unseren Möglichkeiten,
unseren Träumen und Hoffnungen, unseren Sehnsüchten
den Weg zum anderen finden,
wollen wir abschließend bitten:
Der gute Gott möge immer in euch sein,
damit das Feuer in euch nie erlischt.
Er sei immer über euch
wie ein schützendes Dach.
Er sei immer unter euch,
damit ihr auf sicherem Boden geht.

Er sei immer neben euch
wie ein Freund, der euch begleitet.
Dazu segne euch und alle,
mit denen ihr im Herzen verbunden seid,
der barmherzige Gott,
der Vater, der Sohn und der Heilige Geist. Amen.

**Lied: Seht ihr unsern Stern dort stehen**
(VLs 48)

# 7. »Eure Armut kotzt mich an«

## Weihnachtsgottesdienst für die Sekundarstufe II

**Hinführung**

Die Intention des vorliegenden Gottesdienstes ist, die Schüler/innen wachzurütteln. Sie sollen nicht in der alten, immer wiederkehrenden Weise in ihrer Vorstellung bestätigt werden, dass die Kultur der Weihnachtsgottesdienste wesentlich bestimmt ist durch gemütshafte Elemente. So entstand der starke inhaltliche und politische Akzent des vorliegenden Gottesdienstes, dessen Auslöser die Grundfrage aller Theologien ist, insbesondere aber der politischen Theologie: die Frage nach der Identifizierbarkeit Gottes in unserer Welt im Angesicht der Menschen, die gescheitert sind an den Allmachtskonstruktionen unserer westlichen Lebenskultur.

**Vorbereitung/Material**

- CD-Player, süßliche Weihnachtsmusik (z. B. CD Christmas Classics, bellaphon Verlag 1994)
- Projektor, ein beispielhaftes Foto/Dia der Ungerechtigkeit und Bedürftigkeit von Menschen

### Eröffnung

Der Gottesdienst wird nicht in klassisch liturgischer Weise durch eine Begrüßung und das Kreuzzeichen eröffnet. Vielmehr wird nach einer unverkennbar süßlichen Weihnachtsmusik ein atmosphärischer Stimmungswechsel erzeugt, indem die Musik abgebrochen wird, sämtliche Lichter bis auf die Kerzen des Adventskranzes gelöscht und in die nüchtern-dunkle Kirche hinein laut die Widersprüche zwischen dem »heilen« Weihnachtsfest und der unheilen und aggressiven Weihnachtskultur um uns herum gerufen werden.

### Kyrie

Schüler/in 1: Weihnachten soll ein Fest der Liebe sein?
Schüler/in 2: Jeder ist sich doch selbst der Nächste!
Schüler/in 3: Die farbigen Völker sterben an Hunger und wir überfressen uns!
Schüler/in 4: Gerade an Weihnachten treiben wir es besonders auf die Spitze!

*Die erste Adventskerze wird ausgeblasen.*
*Kyrieruf: Kyrie eleison (VLs 42)*

Schüler/in 1: Weihnachten soll ein Fest der Freude sein?
Schüler/in 2: Wenn ich das nur höre: Seht und hört euch doch um!
Schüler/in 3: Alle rennen herum, sind gehetzt und geplagt und extrem gereizt.
Schüler/in 4: Unruhe, Nebeneinander und Gegeneinander statt Miteinander!
*Die zweite Adventskerze wird ausgeblasen.*
*Kyrieruf*

Schüler/in 1: Weihnachten soll ein Fest der Gerechtigkeit sein?
Schüler/in 2: Jeder schafft doch in seine eigene Tasche!
Schüler/in 3: Die einen haben 13 Monatsgehälter und die anderen sind arbeitslos!
Schüler/in 4: Die einen besitzen große Eigentumswohnungen mit überhöhten Mietpreisen, für die sie keine Mieter finden, und andere finden keine Wohnung.
*Die dritte Adventskerze wird ausgeblasen.*
*Kyrieruf*

Schüler/in 1: Weihnachten soll ein Fest des Friedens sein?
Schüler/in 2: Frieden auf Erden, Friede unter den Menschen ... meinen wir das ernst?
Schüler/in 3: Je näher es aufs Abi zugeht, desto spürbarer werden die Ellenbogen!
Schüler/in 4: Wir sind fasziniert von der computergesteuerten Treffgenauigkeit von Bomben. Von den blutüberströmten Opfern spricht niemand.
*Die vierte Adventskerze wird ausgeblasen.*
*Kyrieruf*

*An dieser Stelle kann ein Bild aus der Tagespresse groß an die Altarwand projiziert werden, das die vielfältige dramatische Kluft zwischen dem westlichen Reichtum und der Armut und Hoffnungslosigkeit in vielen anderen Ländern dieser Erde widerspiegelt. Anschließend folgt eine knappe und nüchterne Beschreibung des Bildes.*

*Von der Empore oder aus den Reihen der Gottesdienstbesucher/innen hören alle den folgenden Text:*

Ich habe von einem Gott gehört,
der ganz anders ist, als ich ihn mir vorstelle.
Ich habe von einem Gott gehört,
der nicht mit triumphierenden Gesten und Macht daherkommt.
Ich habe von einem Gott gehört,
der als Kind, ohnmächtig und klein in unsere Welt kommt.
Ich habe von einem Gott gehört,
der sich nicht von oben einmischt,
sondern der die Gemeinschaft mit den Menschen sucht und lebt.

**Lesung: Phil 2,5–11**
Das Beispiel Christi

**Lied: Das Licht ist aus im Stall der Welt**
(VLs 54)

**Ansprache**
»Eure Armut kotzt mich an!« Dieser Satz stand als Aufkleber auf einem Auto. Angesichts der Botschaft von Weihnachten ist diese Aussage Blasphemie, Gotteslästerung, wie sie größer nicht vorstellbar ist. Dies ist nicht der Schwachsinn eines Einzelnen. Immerhin kann man diese Aufkleber kaufen und sich damit ungeniert an die Öffentlichkeit wagen. Ist der entwürdigende Umgang mit den Armen und Kleinen in unserer Gesellschaft hoffähig geworden?
Dieser Vorwurf trifft uns nicht ...? Stimmt das? Befragen wir doch unsere Lebenskultur!

*An dieser Stelle werden Fragen zu aktuellen und lokalen politischen und sozialen Brennpunktthemen gestellt, z.B.: Warum hat man das Asylbewerberheim geschlossen, warum werden die Obdachlosen, die in Bonn das Jahr über unterm Hauptbahnhof leben, in der Weihnachtszeit morgens ans Rheinufer gebracht und abends wieder zurückgefahren?*

Eure Armut kotzt mich an. Dieser Satz steht auch in Beziehung zu dem großen Maßstab, nach dem buchstäblich die »Lebensmittel« auf unserem Planeten verteilt sind. Arm und Reich ist nicht eine Sache gegebener Natur. Wir wissen, dass wir unseren Wohlstand nur aufrecht erhalten durch einen -zigfachen Mehrverbrauch an klarer Luft, an Wasser, an fossilen Brennstoffen, an Rohstoffbeständen – Lebensmittel, die von Natur aus allen Menschen dieser Erde zur Verfügung stehen sollten.
All diese Fakten, die persönliche Armut von Menschen bei uns vor der Haustür, aber auch die Armut und Gewalt als Folge unserer oft übersteigerten Ansprüche sind uns zumeist bewusst. Berühren diese Fakten eigentlich unsere Weihnachtskultur? Oder sehen wir zu Weihnachten lieber weg? Brauchen wir das seichte Geträller aus den Boxen in den Einkaufshallen und einen faschingsgleichen Weihnachtstaumel vielleicht zur Verdrängung der Gebrochenheiten des Lebens, der Ungerechtigkeiten ...?

Schüler/in 1: Weihnachten darf nicht verkommen zum Fest des geblendeten Blickes. Wo das Auge, unser sensibelstes Organ, durch ein Zuviel an Lichtern geblendet wird, da werden wir starr und apathisch. Ein geblendeter Mensch ist unfähig geworden, wirklich zu sehen, was ist.

Schüler/in 2: Die Wehrlosigkeit des Menschen vor mir sieht nur der, der langsam und in Ruhe den anderen wahrnimmt, der, statt ständig gierig und geil auf Neues zu sein, mit dem Herzen und der Seele schaut und sich ergreifen lässt vom anderen, vom Leben des Menschen neben mir, von seiner Not.

Schüler/in 3: Wer so sieht, der lässt sich ergreifen, der nimmt Anteil am Geschehen in der Welt, der bleibt nicht in der gleichmütigen Zuschauerrolle, wo die Menschenwürde verletzt wird. Wer so sieht, der lässt sich aus einer platten Bequemlichkeit herausrufen in den konkreten Einsatz für andere.

Schüler/in 4: Wir haben eben im Schrifttext aus dem Philipperbrief gehört: Er war Gott gleich ... Aber die Geisteshaltung unserer Tage vermittelt eher den Eindruck, dass wir Gott gleich sein wollen:

Schüler/in 1: Wir sind oft wie infiziert von dem Wahn des machbaren Glücks.

Schüler/in 2: Wir möchten auf niemanden mehr angewiesen sein.

Schüler/in 3: Wir möchten uns niemandem mehr verdanken.

Schüler/in 4: Wir möchten alles selbst im Griff haben.

Die Unberechenbarkeiten des Lebens, die physische und die psychische natürliche Begrenztheit des menschlichen Lebens stören in der Welt der Leistung und des Fortschritts. Beispielhaft für die Haltung, wie Gott sein zu wollen, ist der fragwürdige Fortschritt der Medizin, den Beginn und das Ende menschlichen Lebens immer mehr in den Zugriff »sauberer« und leidfreier Methoden bekommen zu wollen. Dieses Machertum hat nichts mehr zu tun mit unserem Menschsein und mit dem Mensch- und Gottsein, dessen Ankunft wir zu Weihnachten feiern. Denn, so heißt es im Philipperbrief weiter: Er war Gott gleich, hielt aber nicht daran fest, wie Gott zu sein, sondern entäußerte sich und wurde wie ein Sklave und den Menschen gleich.

Der Immanuel, der Gott mit uns, ist nicht das süßliche Kind in der Krippe und auch nicht der unberührbare Himmelsherrscher. Er, der Immanuel, ist als Mensch unter die Menschen gegangen, und zwar an den letzten Platz, an die Seite derer, die wie Sklaven recht- und heimatlos sind. Er ist aus der Kraft der göttlichen Entschiedenheit, nicht aus Schwäche gerade zu denen gegangen, die in unserer Fortschrittgesellschaft keinen Platz haben: die Flüchtlinge, die Alten, die Kranken, die Straßenkinder, die Leidenden, die Gefolterten, all die vielen, denen Gewalt angetan wird, all die vielen, die nicht mitkommen beim »immer mehr, immer schneller«, Menschen ohne Dach über dem Kopf, aber mit dem Himmel im Herzen, mit der Sehnsucht nach Leben. All diese Menschen, all diese Zöllner und Dirnen unserer Tage sind es, die mit Gott, in Jesus Tischgemeinschaft finden.

So setzt dieser Mensch gewordene Gott Zeichen einer neuen Geschichte: Kleine sollen groß sein, der Reiche erlässt dem Armen die Schulden, der patriarchalische Vater wird barmherzig. Wenn der Immanuel, der Gott mit uns, Mensch geworden ist, dann heißt das, dass Gott in jedem Menschen, der der Armut und der Gewalt ausgeliefert ist, mitleidet.
Diese mit Christus begonnene neue Geschichte uns anzueignen ist nicht in der Art des Müßiggängers möglich, ist nicht möglich im Wegsehen von der konkreten Geschichte. Diese unerhörte Weihnachtsbotschaft lädt ein, wach zu sein für meinen Glauben und mein Handeln in dieser Welt. Dietrich Bonhoeffer hat 1945 seine Kirche wachgerüttelt mit einem Wort, das in abgewandelter Form auch uns zu Weihnachten ... wachrütteln kann: »Nur wer die armen Menschen wirklich sieht und für ihre Menschenwürde kämpft, der nimmt den arm- und menschgewordenen Gott in der Krippe ernst.« Amen.

**Lied: Menschenkind im Stall geboren**
(VLs 109)

**Fürbitten**
Maranatha, komm, Herr, werde wieder Mensch auf dieser Welt, die an so vielen Stellen voller Dunkelheit ist.
*Fürbittruf: Gottes Wort ist wie Licht in der Nacht (VLs 56)*

Maranatha, komm, Herr, in die Nacht der Ungerechtigkeit und des Unfriedens.
*Fürbittruf*
*Die erste Adventskerze wird wieder entzündet.*

Maranatha, komm, Herr, weil das Ende der Kriege nicht abzusehen ist und weil Geld weiterhin die Welt regiert.
*Fürbittruf*
*Die zweite Adventskerze wird wieder entzündet.*

Maranatha, komm, Herr, weil wir es alleine nicht schaffen, Not und Krankheit zu besiegen.

*Fürbittruf*
*Die dritte Adventskerze wird wieder entzündet.*

Maranatha, komm, Herr, hilf uns aus Sackgassen und angeblichen Fakten, zeige uns neue Wege und Maßstäbe. Wir brauchen Hoffnung. Wir brauchen Zukunft.
*Fürbittruf:*
*Die vierte Adventskerze wird wieder entzündet.*

Herr, du kommst besonders zu denen, die es im Leben schwer haben. Manchen machen wir das Leben schwer. Andere müssen sich mit unwürdigen Lebensumständen begnügen. Du forderst uns an Weihnachten besonders auf, dir nachzufolgen, neue Wege zu gehen, neu auf die Menschen zuzugehen, neu wahrzunehmen, wie andere leben müssen und uns neu einzusetzen für eine bessere Welt. Hilf uns dabei. Amen.

Zum Vater der Armen und Kleinen, zum Vater der Gefolterten und Schwachen, zum Vater aller Menschen, die sich nach Gerechtigkeit und Frieden sehnen, zu unserem Vater lasset uns beten:

**Vaterunser**

**Lied zum Friedensgruß: Unfriede herrscht auf der Erde**
(Tr 195)

**Segensgebet**
Herr Jesus Christus, Mensch gewordener Gott,
du hast dich als Kind hineingegeben
in die tiefste Ohnmacht und Wehrlosigkeit eines Menschen.
So bist du selbst die Liebe
und die Hoffnung aller Menschen geworden.
So bist du aber gerade den Armen
und wehrlosen Menschen unserer Tage nahe.
Mit diesen Menschen bitten wir dich:
Lass es lichter werden in unserer Welt.
Entflamme unser Herz in der Liebe für die Armen und Schwachen.
Lass uns mutig und frei dir nachfolgen

auf dem Weg der Menschwerdung,
dass Hunger gestillt und Angst genommen wird,
Freude und Leben geteilt werden.
Sende und stärke uns als Boten deiner Liebe.
Es segne uns der Vater, der Sohn und der Heilige Geist. Amen.

**Lied: Dem Gott, der alles Leben gibt**

2. Der Gott, der meine Hoffnung ist, mein Atem, meine Stimme,
der nie sein Ja zu mir vergisst,
der hält mich, wenn ich schwimme.
Wie eine Mutter schützt Gott mich,
wie eine Freundin sorgt Gott sich.

3. Dem Gott, der Mut zum Auszug macht aus tödlichen Strukturen,
der Friedensleidenschaft entfacht mit seinen Liebesspuren,
der Recht will und Gerechtigkeit,
dem folg' ich mit Entschlossenheit.

4. Der Gott, der in mich Hoffnung setzt,
will, dass ich Wohnung werde,
für seinen Geist, der uns vernetzt, zum Schutz der einen Erde.
Ich öffne mich, ich bin bereit für Gottes Zeit und Ewigkeit.

T: Eugen Eckert M: Alejandro Veciana

# 8. But I still haven't found what I'm looking for

Adventsgottesdienst für die Sekundarstufe II

**Hinführung**

Man kann ja doch nichts machen: Dies wird heute tausendfach gesagt, gedacht und empfunden. Selbst bei den »Menschen guten Willens« schwindet die Kraft zu utopischem Denken. Aber gerade die Schule war qua humanistischem Bildungsauftrag immer ein Ort, an dem auch die Vision von einer anderen Welt Platz finden konnte. Sind nun Pragmatismus und apathische Gleichgültigkeit eingezogen in die Geisteshaltung der jungen und älteren Menschen?

In diese kraftlose und selbstlähmende Stimmung hinein braucht es den adventlichen aufrüttelnden Ruf nach neuem Leben, nach Hoffnung. Dieser Gottesdienst will die Apathie, die Blindheit und Gleichgültigkeit kritisch zu Bewusstsein bringen, um der adventlichen Sehnsucht nach Erneuerung gerade im Leben der Jugendlichen wieder auf die Spur zu kommen.

**Vorbereitung/Material**

- CD-Player, CD U2, The Joshua Tree, Song: »But I Still Haven't Found What I'm Looking For«
- Deutsche Übersetzung des Liedes für alle Schüler/innen

## Begrüßung, Kreuzzeichen

## Lied: O Heiland, reiß die Himmel auf

(Gotteslob)

## Gebet

Gott, vor uns liegt eine Stunde unseres Lebens.
Lass uns nun hier und jetzt ganz da sein.
Anspannungen, Unruhe,
die schweren Gedanken und Empfindungen,
vielleicht sogar die Angst vor etwas,
das uns heute begegnen kann,
hilf uns diese loszulassen.
Vor uns liegt die Adventszeit,
eine besondere Zeit, eine Einladung,
unserer tiefen Sehnsucht, unserer Hoffnung,

unseren Idealen wieder auf die Spur zu kommen.
Gott, mit allen Menschen, die ihre Hoffnung auf dich setzen,
rufen wir gerade in dieser Zeit:
O Heiland reiß die Himmel auf,
stärke unsere Lebenshoffnung
gerade in den dunklen Zeiten unseres Lebens. Amen.

**Lied: Kennst du das alte Lied**
(Tr 170)

**Thematische Hinführung**

Schüler/in 1: Hey, ich habe eine Idee. Bald ist unsere Schulzeit zu Ende. Wir könnten uns doch mal mit ein paar Jüngeren treffen, uns ganz locker unterhalten, ihnen ein paar Erfahrungen weitergeben. Vielleicht können sie unsere Hilfe brauchen.

Schüler/in 2: Ach, die Kleinen müssen ihre Erfahrungen doch selbst machen, genau wie wir.

Schüler/in 1: Aber gerade du hast doch die Fähigkeit auf andere zuzugehen. Du kannst andere begeistern. Ja, wie wäre es, wenn du eine Gruppe leiten würdest? Ihr könntet bestimmt was Tolles auf die Beine stellen.

Schüler/in 2: Ach, das habe ich noch nie gemacht. Ich weiß nicht. Und was heißt Hilfe? Man kann ja doch nichts verändern, die Erwachsenen sind doch alle so starrsinnig.

**Text: Gründe ...**

Weil das alles nicht hilft
Sie tun ja doch, was sie wollen

Weil ich mir nicht nochmals
die Finger verbrennen will

Weil man nur lachen wird:
Auf dich haben sie gerade gewartet

Und warum immer ich?
Keiner wird es mir danken

Weil da sowieso niemand mehr durchsieht
sondern höchstens noch mehr kaputt geht

Weil jedes Schlechte
vielleicht auch sein Gutes hat

Weil es Sache des Standpunktes ist
und überhaupt wem soll man glauben?

Weil auch bei den andern
nur mit Wasser gekocht wird

Weil ich das lieber
Berufeneren überlasse

Weil man nie weiß,
wie einem das schaden kann

Weil sich die Mühe nicht lohnt
Weil sie alle das gar nicht wert sind

Das sind Todesursachen
zu schreiben auf unsere Gräber

die nicht mehr gegraben werden
wenn das die Ursachen sind.

*Erich Fried*



**Lied: But I Still Haven't Found ...**

Das folgende Lied handelt von einem Menschen, der voller Leidenschaft aufbricht, der seine Liebe zu leben sucht, der seine Sehnsucht nicht zu schmalzig findet, sie in Worte zu kleiden, der angetrieben ist durch seinen Glauben an ein Reich, in dem die Ketten und Fesseln der Angst endlich gelöst sind.

*Eine deutsche Übersetzung des Songs: »But I still haven't found what I'm looking for« wird ausgeteilt, anschließend hören alle gemeinsam den Song von der CD.*

Ich habe die höchsten Berge bestiegen.
Ich bin durch die Felder gelaufen,
nur um mit dir zusammen zu sein.
Ich bin gelaufen, ich bin gekrochen.
Ich habe diese Stadtmauern verschlossen,
nur um mit dir zusammen zu sein.

Ich habe honigsüße Lippen geküsst.
Ich habe die heilende Kraft deiner Fingerspitzen verspürt.
Es brannte wie Feuer dieses heiße Verlangen.
Ich habe mit Engelszungen geredet.
Ich habe die Hand des Teufels gehalten,
auch wenn sie nachts wärmte,
war ich kalt wie Stein.

Ich glaube an das Königreich,
welches kommen wird,
dann werden alle Farben
wie Blut ineinander fließen.
Doch – ja, ich laufe immer noch.
Du hast die Fesseln gelöst und die Ketten gelockert.
Trag die Bürde meiner Schande.
Du weißt, ich glaube daran.

Aus: Materialbrief Popularmusik und Religion (PUR) Bd. 1, Deutscher Katechetenverein e.V., München

**Lesung: Jes 61**
Die frohe Botschaft des Gesalbten Jahwes

**Ansprache**
Hoffnung ... können wir eigentlich redlich dieses Wort für uns in Anspruch nehmen? Hoffnung ... nicht die Mentalität des berechenbaren, zählbaren Erfolgs! Nicht die Mentalität des Starkseins, des Machthabens, des anerkannten Einflusses! Nicht eine Wirklichkeit von

Zahlen, von Titeln, nicht die Wirklichkeit dessen, was sich gut verkaufen lässt. Zensuren, Marktwert, Trends, eine gesellschaftlich anerkannte Rolle, Wohlstand, darauf ist unser Bestreben gerichtet. Lebensberater, Manager, die ganze Kunst der klugen Vorhersager, der Psychologischen Wirtschaftsberater bis hin zum Horoskopleser – alle leben von diesem Bedürfnis nach Sicherheit. Aber Hoffnung ... dieses Wort wirkt doch eher naiv!

In unseren Träumen und Fantasien, da tauchen noch Bilder einer nicht berechenbaren anderen Wirklichkeit auf, Bilder von einem Leben, das heil ist, kompromisslos heil und zutiefst beseelt von einem Frieden, der über mich, über meine täglichen »Ja, aber« hinausgeht, Hoffnung, die nur dann in ihrer verletzlichen Zartheit in mir aufbricht, wenn ich all diese »Ja, aber« beginne loszulassen ...

Häufig höre ich den Satz: »Da kann ich ja sowieso nichts machen, das ist aussichtslos ...«, nicht selten gerade von jungen Menschen an einem Ort, wo Menschen einander begegnen, wo Menschen in Beziehung und in Erziehung miteinander umgehen. Dieses »Ich kann sowieso nichts machen« auch hier an unserer Schule, wo wir doch eigentlich Raum und Zeit haben, uns eine Veränderung der Welt vorzustellen.

Diese Aussage aber legt nicht wahrhaftig Zeugnis von der Wirklichkeit ab, in der wir leben, sondern ist eher ein Zeugnis von mangelndem Nachdenken und Hinsehen. »Hoffnungslosigkeit«, dieses Wort wird oft zum zweifelhaften rhetorischem Luxus derer, die viele Möglichkeiten haben, aber offensichtlich nicht wirklich an einer Erneuerung ihres Lebens und der Welt interessiert sind, denn sonst würden sie die Ärmel hochkrempeln und anfassen.

Die Hoffnung braucht unsere Hände und Füße. Wenn wir anfangen abzugeben von unserem Besitz, unseren Fähigkeiten, unseren Ideen, wenn wir uns für ein soziales Klima an unserer Schule einsetzen, in konkretem Loslassen, Teilen, im Sich-Beteiligen, im Sich-Einmischen, wo Unrecht geschieht, dann wächst neues Leben, dann wird die Hoffnung konkret.

Das Urdokument unseres Glaubens, die Bibel, ist ein Hoffnungsbuch. Hier sind Visionen von einer neuen Gerechtigkeit, von einem Frieden, der uns versprochen ist. Naiv? Ja, zutiefst naiv; denn naiv meint: »aus Vertrauen geboren«. Wenn dieses Vertrauen in uns

Wurzeln schlägt, dieses Vertrauen in den Gott, dessen leidenschaftlicher Eifer ganz ausgerichtet ist auf eine Überwindung aller Ungerechtigkeit in unserer Welt, dann beginnen wir mit Gott diese Welt zu gestalten, dann wird durch unser Mitwirken das Reich Gottes – das Reich, von dem Jesaja spricht, von dem U2 singen – ganz konkret unter uns greifbar.
Zum Zeichen unserer Hoffnung, unserer Sehnsucht nach Leben, nach Liebe, nach Mut und Kraft, die Dunkelheiten in uns und in unserer Welt zu erhellen, seid ihr alle nun eingeladen, ein Licht an der Osterkerze zu entzünden und es auf das schwarze Tuch zu stellen.

**Fürbittaktion**
Anstelle der Fürbitten entzünden die Schülerinnen und Schüler ein Teelicht an der brennenden Osterkerze und stellen dieses auf ein großes schwarzes Tuch.

**Lied: In der Mitte der Nacht**
(VLs 22)

**Vaterunser**

**Lied zum Friedensgruß: Herr, gib uns deinen Frieden**
(Tr 143)

**Schlussgebet**
Hilf den Jungen! Sie verfügen über den unerschöpflichen Reichtum der Zukunft.
Sie sind Meister des Enthusiasmus und der Hoffnung.
Sie dürsten danach, in einer Welt
ohne Untermenschen und Übermenschen zu leben.
Du verstehst, Vater, dass ich eine Jugend meine,
die mit der Zahl der Lebensjahre nicht übereinzustimmen braucht.
Es gibt Zwanzigjährige, die weder ein graues Haar
noch ein Fältchen haben, aber trübsinnig und angepasst sind.
Und es ist möglich, 84 Jahre alt zu sein
(ich denke an Papst Johannes XXIII.)

und sich die Jugendlichkeit der Seele bewahrt zu haben.
Die Welt hat ihn nötig,
diesen wunderbaren Reichtum, der Jugend heißt.
Lass kein leichtes Leben die jungen Menschen verderben,
lass keine Schwierigkeit sie entmutigen.
Und lass sie vor der schlimmsten Gefahr gefeit sein:
vor der Gefahr, sich einzurichten, das Feuer zu verlieren,
im Innern schon alt, nur noch äußerlich jung zu sein.

*Helder Camara*

Aus: Helder Camara, Meditation für dies Jahrhundert, Peter Hammer Verlag, Wuppertal 1979

**Segen**
Gott, du begleitest uns,
wenn wir uns aufmachen,
diese Welt zu verbessern.
Gott, du begleitest uns,
wenn wir uns aufmachen
und Traurigkeit und Mutlosigkeit überwinden.
Gott, du begleitest uns,
wenn wir sehnend Ausschau halten
nach Hoffnung und Heil
für unser Leben und das Leben unserer Welt.
So segne unseren Aufbruch
der Vater, der Sohn und der Heilige Geist. Amen.

**Lied: Halte deine Träume fest**
(siehe Seite 35)

# 9. Endzeit – Lebenszeit – Zeit zu leben

Gottesdienst nicht nur zur Weihnachtszeit
für die Sekundarstufe II

**Hinführung**

Die Mehrheit der Jugendlichen sind heute Kinder eines Zeitgeistes, der geprägt ist von dem Bewusstsein einer begrenzten Lebenszeit und dem damit verbundenen Bedürfnis, in möglichst kurzer Zeit möglichst viel zu erleben. Die Verführungskräfte unserer Konsum- und Leistungsgesellschaft vermitteln so bereits Jugendlichen die Erfahrung von Zeitdruck und der damit oft einhergehenden Frustration, Überforderung und Sinnlosigkeit. In der jüdisch-christlichen Tradition wird jedoch gerade im Zusammenhang mit dem Weihnachtsfest die Zeit als »Heilszeit« und »erfüllte Zeit« verstanden. In diesem Gottesdienst wird die Spannung von »Zeitdruck« und »erfüllter Zeit« in Bildern, Gedanken, Gebeten und Handlungen ausgedrückt und inszeniert. Der nicht greifbare Begriff der Zeit wird hier in seiner dramatisch-bedrohlichen wie auch in seiner hoffnungsvollen und befreienden Bedeutung atmosphärisch wie inhaltlich entfaltet.

**Vorbereitung/Material**

- Diaprojektor und Leinwand
- Dias: Peter Brueghel, Die Kornernte (1565), Metropolitan Museum, New York; J. M. W. Turner, Rain, Steam and Speed (1844), National Gallery, London
- ein Metronom.

## Eröffnung

Die Vorbereitungsgruppe zieht langsam in die Kirche ein. Der Einzug wird begleitet von meditativer, ruhiger Instrumentalmusik. Alle Mitwirkenden sind dunkel gekleidet. Der/Die Gottesdienstleiter/in trägt die Osterkerze oder eine andere große brennende Kerze. Nach einer gemeinsamen Verneigung im Altarraum wird die Kerze vor dem Altar auf einen Kerzenständer gestellt und die Mitwirkenden verteilen sich im Raum: je eine Person rechts und links von der Leinwand, rechts und links vom Altar und drei Personen im Gottesdienstraum.

Leiter/in: Milliarden Jahre nach der Entstehung unserer Welt,
nach der Entstehung von Sonne und Erde,
Millionen Jahre nachdem sich erstes Leben regte
auf der Erde

und der Mensch ins Dasein trat,
viele tausend Jahre nachdem sich Stämme,
Völker und Kulturen bildeten,
2015 Jahre nach Abrahams Geburt,
1510 Jahre nach dem Auszug des Volkes Israel aus
Ägypten,
1032 Jahre nach der Salbung Davids zum König,
in der 194. Olympiade,
752 Jahre nach der Gründung Roms,
im 42. Jahr der Regierung des Octavianus Augustus
wurde Jesus Christus geboren.

*Instrumentalmusik*

**Thematische Hinführung**

*Die beiden Dias werden gezeigt. Dazu spricht jeweils eine der beiden Personen, die an der Leinwand stehen. Das Vortragen der beiden Sprecher/innen wird mit langsam wachsender Lautstärke untermalt von dem Ticken eines Metronoms.*

- Dia 1: Brueghel, Die Kornernte
  Sprecher/in 1: Kornernte, Naturzeit, Geduld, Sonnenzeitmaß, Rhythmik der Jahreszeiten, uhrzeitlose Zeit, Einheit von Arbeit und Leben, innere Uhr, organische Zeit, religiöses Zeitempfinden.
- Dia 2: Turner, Rain, Steam and Speed
  Sprecher/in 2: Regen, Dampf, Geschwindigkeit, Beschleunigung, Schnelligkeit, Fortschritt, Hektik, Technik, Zeitkontrolle, Geld, Maschinentakt, Stechuhr, Terminkalender, Zeitkrankheit.

**Text: Die Zeitmaschine**

*Die beiden Personen auf den Seiten des Altars sprechen nun im Rhythmus des laut hörbaren Metronoms den Text »Die Zeitmaschine«.*

Es geht
es geht
es geht die Zeit dahin
die Zeit dahin von morgen bis zum abend geht es geht es geht
es geht die Zeit dahin
die Zeit dahin vom auf und ab zum ab und an und weiter geht es
geht es
es geht voran und vorwärts los die Zeit sie eilt so schnell es geht es geht
es geht nicht mehr na fast nicht mehr es wird schon wieder geht es?
Geht es? Geht
Es geht nicht hetzen muss ich
Hetzen vorwärts los die Zeit sie eilt so schnell es geht es geht
Es geht die Zeit dahin du wirst es schaffen
Die Zeit dahin es geht nicht du ich kann nicht mehr
Vom morgen bleibt nichts stehn das geht nicht
Bis zum Abend was so spät schon und es ist noch nichts
Geleistet
Geht nur lauft nur rennt nur seht es geht es geht
Es geht nicht hetzen muss ich
Hetzen vorwärts los die Zeit sie eilt so schnell es geht es geht
Es geht die Zeit dahin Du musst mehr tun na los
Die Zeit dahin mehr kann ich nicht mehr geht nicht mehr
Vom auf und ab und raus bist Du
Zum ab und an und raus bist Du
Zum ab und an und raus bin ich noch lange nicht
Und weiter raus bist du da staunst Du was
Ja geh nur lauf nur renn nur seht er geht er geht
Es geht vergiss es giss es nicht
Es geht voran und vorwärts los die zeit sie eilt so schnell es geht es
geht
Es geht die Zeit dahin
Die Zeit dahin vom abend bis zum morgen geht es geht es geht
Es geht die Zeit dahin
Die Zeit dahin vom ab und auf zum ab und an und weiter geht es
Geht es
Es geht die Zeit dahin

Die Zeit dahin vom Freizeitstress zum Herzinfarkt
Vom Herzinfarkt zum Schluss und aus
Wo geht die Zeit bloß hin
Wo geht sie hin?

*Werner Kuchar*

Aus: Werner Kuchar, Du nervst, guter, Gott, Verlag Herder, Freiburg 1998

**Kyrie**

*Der/Die Gottesdienstleiter/in und die drei Personen, die im Gottesdienstraum verteilt stehen, sprechen die folgenden »Kyriebausteine«.*

Leiter/in: Sekunden, Minuten, Stunden, Tage, Wochen, Monate, Jahre, Jahrhunderte, Jahreszeiten, Tageszeiten, Schulzeit, Arbeitszeit, Hochzeit, Freizeit, Urlaubszeit, *(Pause)* Lebenszeit.
Was ist das eigentlich: die Zeit?
Willst du sie fassen, schon ist sie vergangen. Du kannst sie nicht zurückholen, nicht anhalten, nicht aufheben. Gleichmäßig, monoton, eindringlich tickt die Uhr, das Symbol unserer, deiner Zeit. Hetze, Zeitdruck, Zeitknappheit. Sind wir Gefangene unserer Zeit? Wie gehen wir mit unserer Zeit um?

Sprecher/in 3: Zeit ist Geld.
Die Zeit läuft mir davon.
Tut mir leid, ich habe keine Zeit.

Leiter/in: Herr unserer Stunden und Jahre, wenn wir Zeit sparen wollen, jagt uns die Zeit. Hektik bestimmt unser Tun und das Leben wird kürzer statt länger. Wenn wir aber anderen Zeit schenken, gibt die Zeit uns Raum, Ruhe zieht ein.

*Kyrieruf: Herr, erbarme dich (Tr 197)*

Sprecher/in 4: Die Zeit totschlagen.
Sich die Zeit vertreiben.
Die Zeit vertun.

Leiter/in: Herr unserer Stunden und Jahre, wenn wir die Zeit totschlagen, wird sie stumm, wir wissen oft nicht mehr warum und wozu. Wenn wir hören, was die Stunde schlägt, beginnt die Zeit zu sprechen und wir sehen einen neuen Weg.

*Kyrieruf*

Sprecher/in 5: Die Zeit heilt alle Wunden.
Die Zeit vergeht im Flug.
Das Zeithaben ist keine Frage der Zeit.

Leiter/in: Herr unserer Stunden und Jahre, wir erleben unsere Zeit so oft als hart, als mechanisch, als leer, zugleich aber wünschen wir uns eine weiche, lebendige und erfüllte Zeit.

*Kyrieruf*

**Evangelium: Mt 6,19–34**
Von der falschen und der rechten Sorge
(Alternativen: Koh 3,2–9; Offb 21,1–6)

**Dialogsequenz: Time Expired**

Sprecher/in 1: Time expired – die Zeit ist ausgehaucht. So wird dem Autoparker in Amerika mitgeteilt, dass die Zeit abgelaufen ist.

Zeitknappheit und Zeitdruck, Hetze, dieses Zeitempfinden bestimmt uns allgegegenwärtig, nicht nur zur Weihnachtszeit.

Unser Leben ist nicht mehr gebunden an die Zeiten der Natur, an Säen und Ernten.

Wir nehmen keine Rücksicht mehr auf unsere innere Uhr, die uns sagt, wann wir Ruhe und Entspannung, wann wir Bewegung brauchen.

Zeitrhythmen sind fast vollständig außer Kraft gesetzt. Zeiten für die Seele, die innere Sammlung, das tägliche Gebet sind ebenso wenig im Trend. Sie stehen unter dem Verdacht der altmodischen Zeitverschwendung, der leeren Zeit.

Sprecher/in 2: Immer mehr in immer weniger Zeit. Dieses Leitprinzip veränderte buchstäblich unsere Welt und uns Menschen.

Nur durch das Zerteilen der Zeit in Bruchteile von Sekunden wurde der rasante technische Fortschritt in diesem Jahrhundert möglich. Immer mehr in immer weniger Zeit produzieren, transportieren, konsumieren ... Dies wurde zum Credo und Motor unserer Wirtschaft, unserer Fortschrittsgesellschaft.

Güter und Menschen können innerhalb eines Tages jeden Punkt der Erde erreichen. Eine unermessliche Zahl von Informationen kreist um den Erdball und ist in kürzester Zeit abrufbar.

Aber ist nicht das Fortschrittsmotto »Immer mehr in immer weniger Zeit« an eine Grundbedingung geknüpft? Muss nicht jede Art von Widerstand, von Reibung, Begrenzung weichen, buchstäblich aus dem Weg geräumt werden?

Leiter/in: Und der Mensch? Und Sie und ihr?

Was bleibt außer einem Umhergetriebensein?

Ich bin unterwegs, aber bin ich meinen Zielen treu?

**Ansprache**

Die tickende Uhr macht uns unruhig und nervös.

Längst besitzen nicht mehr wir die Zeit, sondern die Zeit besitzt uns.

Ihr kennt die Erfahrung, wie Hetze letztlich zur Banalisierung, Oberflächlichkeit von Beziehungen und Arbeit und in dieser Folge auch zu Gewalt und Zerstörung führt.

Immer mehr in immer weniger Zeit – dieses lineare, zählbare Zeitmuster führt zum richtungslosen Dasein, zur Leere der Herzen, zu dumpfer Langeweile und zum Empfinden von tiefer Sinnlosigkeit.

Gelingt es uns, unserer Lebenszeit wieder neuen Sinn zu geben, auch wenn sie keinen neuen Kick und kein Geld einbringt?

Die Bibel ist reich an Zeiterfahrungen, die gespeist sind aus dem Vertrauen: »Ja, Gott, in deinen Händen steht die Zeit.« Das gilt

nicht nur für die Erfahrung – oft erst an der Grenze des Todes – dass unsere Verfügbarkeit über Lebenszeit begrenzt ist. Das gilt auch für die Erfahrung von Weihnachten. Gott ist nicht als zeitloses Himmelswesen auf diese Erde gekommen, sondern als Mensch. Jesus ist unser Zeitgenosse geworden, der in seinem Leben vielen Menschen begegnet ist. Wie ist Jesus mit seiner begrenzten Lebenszeit umgegangen?
Jesus hat Beziehungen aufgebaut und sich auf die Beziehung mit anderen eingelassen. Jesus hat das Beste getan, was man mit der Zeit tun kann: Er hat sie verschenkt. Damit hat er sich selbst verschenkt. Wer sich auf diesen Jesus beruft, kann lernen, heilsam mit anderen umzugehen, Versöhnung zu stiften. Selbstfindung heißt heute für viele, sich nur von den »eigenen Leuten« bestätigen zu lassen. Menschliches Reifen gelingt aber gerade in der Reibung und Auseinandersetzung mit den anderen.
Die uralten Symbole und Zeichen unseres Glaubens – wenn auch oft schnippisch vermarktet von unserer Konsum- und Medienkultur – spiegeln eine uralte Sehnsucht wider: die Sehnsucht nach Heilsein, nach Frieden in uns, in unseren Familien, in unserer Welt. Trauen wir doch unserer Sehnsucht nach einer erfüllten Zeit. Einer Zeit, die nicht im Sekundentakt zählbar oder messbar ist. Momente tiefen Glücks und bedingungslosen Angenommenseins in der Liebe, da leuchtet eine andere Wirklichkeit auf. Die Welt des Konsums und des Machbarkeitswahns ist zu klein für die Sehnsucht unserer Herzen. Aber mit dem Gott, der diese Sehnsucht kennt, der selbst Mensch geworden ist, können wir an jedem Tag unseres Lebens schon ein wenig an der Heilung des Lebens mitwirken, bis Gott wiederkommt, alle Tränen abzuwischen und alles Leid zu heilen, wie es in der Offenbarung heißt.
Time inspired, Zeit einzuatmen, Zeit zum Leben, Zeit zur Menschwerdung ist uns geschenkt. Amen.

**Fürbitten**

*Fürbittruf: Halte deine Träume fest (siehe Seite 35, jeweils eine Strophe)*

Herr, die Zeit läuft mir davon, und ich habe zu wenig von ihr. Ich lebe nicht im Jetzt, sondern angstvoll im Morgen und verträumt im

Gestern. So komm, o Herr, und erfülle mich mit Vertrauen in die mir geschenkte Lebenszeit:

Maranatha, komm Herr, in das Leben derer, denen die Zeit davonläuft, deren Tage auf Wochen verplant sind, denen die Wochen erscheinen wie Tage, die in der Hektik ihr Ziel verloren haben.
*Fürbittruf*

Maranatha, komm Herr, zu all denen unter uns, die einen Menschen verloren haben, der ihnen sehr nahe stand, die sich nach Zeit sehnen für all das, was ungesagt und ungetan geblieben ist, denen der Abschied schwer fällt. Komm zu all denen, denen das Leben zur langen, leeren Qual geworden ist, weil jeder Tag so einsam ist wie der andere.
*Fürbittruf*

Maranatha, komm Herr, hilf uns aus unseren Sackgassen und Sachzwängen, lass uns neue Wege, Maßstäbe und Visionen entdecken. Befreie uns von der Angst um uns selbst.
*Fürbittruf*

Maranatha, komm Herr, damit deine Geschichte mit uns weitergeht, werde wieder unter uns als Mensch erfahrbar. Weil wir nicht leben können ohne Hoffnung und Zukunft, wenden wir uns mit unserer Sehnsucht nach gelingendem Leben an dich:

**Lied: In deinen Händen steht die Zeit**
(siehe Seite 10, Strophe 1–2)

**Vaterunser**

**Lied zum Friedensgruß: He's got the whole world**
(Tr 91)

**Segen**
Guter Gott, du kennst die Sehnsucht unserer Herzen.
Heile uns und unsere Welt von blinder Hetze.
Öffne unseren Blick für die nicht zählbaren,

nicht messbaren und nicht berechenbaren
Augenblicke erfüllten Lebens.
Schmelze unsere Härte und erlöse uns von unseren Ängsten.
Lass uns unserer Sehnsucht nach neuem Leben trauen.
So segne uns der Mensch gewordene Gott unseres Lebens,
der Vater, der Sohn und der Heilige Geist. Amen.

**Lied: In deinen Händen steht die Zeit**
(Strophe 3–4)

# 10. Dreiheit in Einheit

Weihnachtsmeditation für Lehrerinnen und Lehrer

**Hinführung**

Eines der bekanntesten Bilder von Hildegard von Bingen trägt den Titel: »Dreiheit in Einheit«. Die folgenden drei Meditationsabschnitte – nicht nur für Lehrerinnen und Lehrer, sondern auch für ältere Schüler/innen geeignet – sind als einzelne Impulse auf die drei Ebenen bzw. konzentrischen Kreise des Bildes bezogen. Die Ganzheit der Welterfahrung, das Beziehungsgefüge und die Erfahrung des Mittelpunktes als Ort der Begegnung mit dem Menschen und zugleich mit Gott sind die Inhalte der Meditationsabschnitte. Die Begegnung mit dem Menschen als Grundthema alltäglicher Schulsituationen wird hier mit der Theologie der Inkarnation verbunden und in einem für die Zielgruppe geeigneten Sprachspiel vermittelt.

**Vorbereitung/Material**

- Diaprojektor und Leinwand
- Dia »Trinitatis/Dreiheit in Einheit« von Hildegard von Bingen
- CD-Player, Meditationsmusik (Empfehlung: Hufeisen, Eine himmlische Flötenmusik. Das Engelkonzert)

## Eröffnung: Instrumentalmusik

## Begrüßung

Liebe Kolleg(inn)en, weil wir hier an der Schule nicht nur zusammenarbeiten, sondern auch eine umfangreiche Zeit unseres Lebens miteinander gestalten, laden wir Sie auch jetzt ein, sich hier im Lebens- und Arbeitsraum Schule einzulassen auf eine Zeit der Besinnung, eine Zeit des Gesprächs, eine Zeit des entspannten Miteinanders.

Wir glauben, dass Advent, das ja wörtlich übersetzt »Ankunft« heißt, in sich schon eine Einladung ist. Eine Einladung, anzukommen, tiefer und bewusster das wahrzunehmen, was uns täglich in unserem Lebens- und Schulalltag begegnet.

Wir haben ein Bild ausgewählt, das uns dabei begleiten soll.

*Das Bild »Trinitatis« aus dem Hildegardis Codex wird an die Wand projiziert.*

**Bildbetrachtung**

Vor uns die Miniatur aus dem Hildegardis Codex mit dem Titel »Trinitatis/Die wahre Dreiheit in der wahren Einheit« von Hildegard von Bingen.

Hildegard von Bingen wurde als Äbtissin der Benediktinerinnen von Eibingen im Mittelalter aufgrund ihrer tiefen weltverbundenen Frömmigkeit bekannt. Als Frau scheute sie sich nicht, vor Fürsten, Bischöfen und selbst vor dem Papst ihre Anliegen und Visionen zu vertreten. Ihren mystischen Visionen gab sie vielfältigen Ausdruck in literarischen Werken, in mittelalterlicher Musik und nicht zuletzt im Zeichnen von Miniaturen.

Vordergründig bestimmt ist dieses Bild durch die Kreis- bzw. Mandalaform, wie sie uns nicht nur aus der Kunst bekannt und vertraut ist, sondern auch aus vielen Zusammenhängen der Natur, der Religionen, des Alltags.

Der Kreis, Ursymbol für Vollkommenheit, ohne Anfang und ohne Ende, alle Gegensätze in sich aufnehmend, ist in seiner Deutung nicht gebunden an die Fähigkeit des analytischen Verstandes.

Der Kreis, Bild für die vollkommene und heile Wirklichkeit.

Der Kreis, Symbol für das Wachsen des Lebens.

Wir sprechen von den Lebensringen eines Baumstamms und von den Kreisen, die unser Leben zieht.

Unweigerlich stellt ein solches Kreismotiv uns in die Spannung zwischen Außen und Innen, unweigerlich suchen wir die Mitte des Kreises auf.

Nehmen wir uns einen Moment Zeit, dieses Bild zu betrachten.

*Instrumentalmusik*

Beim ersten, unvermittelten Anschauen des Bildes fällt auf, dass das Hauptmotiv, der Kreis, drei verschiedene Ebenen aufweist.

Nach Hildegard von Bingen soll in dieser Dreiteilung zum Ausdruck gebracht werden, dass das göttliche, menschliche und kosmische Leben zueinander in Beziehung stehen als ein Ausdruck des einen Lebens. Anders gesagt: Die Vollkommenheit des Ganzen findet ihren Ausdruck in den gelungenen Beziehungen der verschiedenen Dimensionen zueinander, wie es im Titel ausgesagt ist: »Die Dreiheit in der Einheit«, oder: Die Einheit in der Vielfalt.

Lassen Sie dieses Ineinander-Verwobensein von verschiedenen Ebenen einen Moment auf sich wirken. Vielleicht gehen Sie dabei der Frage nach:

- Erlebe ich die verschiedenen Dimensionen meines Lebens, meines Berufes, meines Privatlebens, meine ganz persönliche Seite des Glaubens und der Hoffnung als Einheit, als Ganzes?
- Erlebe ich die verschiedenen Beziehungen in meinem Beruf, zu den Kolleginnen und Kollegen, zu den Schülerinnen und Schülern, den Aufgabengebieten der anderen als Ganzes, als Einheit, ja als heile Ganzheit?

*Instrumentalmusik*

Unser Auge wird gelenkt auf die Mitte des Bildes. Das Zentrum, der Mittelpunkt ist nicht ein abstraktes, geheimnisvolles, rätselhaftes Etwas, keine okkulte Sphäre mit esoterischem oder vagem transzendenten Charakter. Die Mitte ist nicht leer. Sie ist nicht ein namenloses und buchstäblich unbegreifbares unkonkretes Gedankenkonstrukt.

In der Mitte, im Kern des Ganzen, der einen Wirklichkeit finden wir einen Menschen, der uns mit einladender Geste gegenübersteht. Einen Menschen mit seiner je eigenen Herkunft, mit seiner je eigenen Geschichte, einen Menschen mit seinen persönlichen Lebenskreisen.

Für uns Kolleginnen und Kollegen kann dies der konkrete Mensch in unserem Schulalltag sein: die Schülerinnen und Schüler, die Kolleginnen und Kollegen, die Sekretärinnen, der Hausmeister, die Putzfrauen. Die Begegnungen mit den konkreten Menschen sind unser »täglich Brot« in der Schule. Nur in einer wachen Offenheit für den Menschen vor uns kann eine Dimension erfahrbar werden, die nicht der Zweckorientierung, der Berechenbarkeit und der Machbarkeit unterworfen ist.

Lassen wir diese Dimension einen Moment auf uns wirken und fragen uns:

- Wie erleben wir die Mitte, das Zentrum unseres Handelns hier an der Schule?
- Welcher Stellenwert hat für mich die konkrete Begegnung mit den Menschen an unserer Schule?

Ein dritter Aspekt des Bildes mag diese Sichtweise noch verstärken: Wir sind eingeladen, der Welt und dem Menschen sprichwörtlich auf den Grund zu gehen, oder anders formuliert: bis auf den Grund zu sehen.
Das Bild fordert den Betrachter zu einer symbolischen Sicht auf die Wirklichkeit auf. In der symbolischen Deutung des Bildes bleibend, kann nur in der konkreten Begegnung mit dem Menschen für uns eine Gotteserfahrung möglich sein. Wenn ich die Wirklichkeit, insbesondere den Menschen, bis auf den innersten Grund hin betrachte, dann kann er für mich zum Zeichen für Gottes Nähe in unserer Welt werden.
So gesehen kann dieses Bild für uns zum Weihnachtsbild werden: Der einzig mögliche Ort der Begegnung mit dem Mensch gewordenen Gott ist der konkrete Mensch, der mich anschaut und der mich in dieser Begegnung einlädt, immer wieder neu Mensch zu werden.
Halten wir noch einen Moment inne und fragen uns:

- Gelingt es mir trotz der täglichen Barrieren eines Schulalltags, trotz des zu vermittelnden Stoffes, trotz Rollenklischees, trotz Zeitnot und hektischem Treiben, gelingt es mir trotz alledem, diese wertvolle Mitte wahrzunehmen?
- Wie erlebe ich meine Sichtweise auf Menschen um mich? Vermag ich auch im Endlichen und Begrenzten der Menschen um mich herum eine Ahnung zu gewinnen von dem Geheimnis, das wir jetzt wieder feiern: Gott wird Mensch?

*Instrumentalmusik*

## Segen

Der geheimnisvolle Gott,
dessen Nähe uns begleitet auf vielfältigen Spuren
in unserer alltäglichen Arbeit und Welt,
dessen Wesen Beziehung ist, und der so
in den beruflichen und privaten Begegnungen
unseres Lebens mitten unter uns ist,
dessen Liebe ihre Mitte findet
in der weihnachtlichen Botschaft von der Menschwerdung,

dieser Gott sei selbst die innerste Mitte unserer Lebenswelt,
unserer Beziehungen und unseres ganzen Menschseins.
So werde Weihnachten:
Gott wird Mensch in allen Dimensionen unseres Lebens.
Gott segne und begleite unser Dasein.
Er erfülle unsere Mitte mit Frieden und weihnachtlicher Freude:
der Vater, der Sohn und der Heilige Geist. Amen.

# 11. Gott, unsere Mitte und unser Antrieb

Gottesdienst zum Jahresbeginn für die Sekundarstufe I

**Hinführung**

Ein Wesenszug klassischer Meditationsbilder ist ihre Kreis- bzw. Mandalaform und die daraus resultierende Grundspannung zwischen Innen und Außen, zwischen Mittelpunkt und Außenrand. Die Hinleitung zur Mitte, zum Zentrum ist ein Grundpfeiler spiritueller Begleitung. So möchte dieser Gottesdienst die Schüler/innen einladen, den Blick hinzuwenden auf die eigene Mitte wie auch auf die Mitte als verbindende Achse bzw. verbindendes Zentrum innerhalb einer Gruppe von Menschen, zum Beispiel einer Schulklasse. Nicht zuletzt liegt das Interesse dieses katechetischen Modells vom Kreis auch immer darin, eine Ahnung von dem zu vermitteln, was die Mystiker meinen, wenn sie sagen: »Der Himmel ist in dir. Suchst du ihn anderswo, du fehlst ihn, für und für.« (Angelus Silesius)

**Vorbereitung/Material**

- Pro Klasse werden zwei kurze Stöckchen bereitgelegt.

## Begrüßung, Kreuzzeichen

## Lied: Du bist da, wo Menschen leben

(VLs 150)

## Gebet

Guter Gott, ein neues Jahr
und viele neue Aufgaben liegen vor uns.
Du begleitest uns und bist unser Antrieb.
Vielen Menschen begegnen wir.
Du bist uns nahe, vielleicht gerade in den Menschen,
von denen wir es nicht erwarten.
Vielleicht liegt manches vor uns, das wir nicht verstehen.
Du bist uns auch in den Rätseln
und Geheimnissen des täglichen Lebens nahe.
So öffne unsere inneren Augen und unser Herz,
dass wir mit dir mitten in unserem Leben rechnen.
Denn du hast uns Menschen versprochen,
uns zu begleiten mitten in unserem Leben. Amen.

**Text: Regen**

Die Bauern eines einsamen Dorfes hoch in den Bergen suchten einen neuen Pfarrer. Alle waren sich einig: Er müsste mit seinen Gebeten selbst in der größten Trockenzeit Regen vom Himmel für ihre trockenen Felder erzwingen können. Es war für die Bewohner des Dorfes nicht leicht, einen Gottesmann zu finden, den sie für geeignet hielten. Doch schließlich bot sich einer an, ihr Pfarrer zu werden, allerdings unter einer Bedingung: Er würde um Regen nur beten, wenn sie es alle gemeinsam für einen bestimmten Tag von ihm verlangten. Und es heißt in der Geschichtsschreibung des Dorfes weiter: Der neue Pfarrer brauchte um Regen nie zu beten.

Aus: Friedrich Dietz, Zwei Minuten vor dem Tag, Geschichten und Gebete, Verlag Parzeller/Butzon & Bercker, 1988

**Kyrie**

Alle brauchen Regen, jeder will ihn – aber dann denkt jeder bloß an sein eigenes Anliegen, jeder will etwas anderes, und so wird der neue Pfarrer nie auf die Probe gestellt.

Kennen wir auch solche Situationen in unseren Klassen? Wir alle wollen Gemeinschaft und Gerechtigkeit. Aber dann will der eine doch wieder stärker sein als der andere, dann will doch einer wieder cooler sein als der andere, dann will doch einer wieder seinen eigenen Vorteil.

Und kennen wir solche Situationen nicht auch in unserem persönlichen Leben? Ich nehme mir fest vor, freundlich und gerecht zu meinen Eltern und Geschwistern zu sein. Und dann habe ich doch keine Zeit für sie, dann habe ich doch keine Lust zu helfen, dann ist mir doch der Computer, der Fernseher, das Musikhören oder etwas anderes wichtiger.

Wie schnell verlieren wir in unseren Klassen, in unseren Gruppen, in unserem Leben das Wesentliche, die Mitte aus den Augen und aus dem Sinn? Und wenn wir schon unsere Mitmenschen so schnell aus den Augen verlieren, wie schnell verlieren wir dann Gott, der doch mitten in uns und unserem Leben für uns da ist?

Darum bitten wir Gott um sein Erbarmen:

Herr, du bist der Ruhepol in allem, was uns umtreibt. Wir aber sind oft voller Ungeduld.
*Kyrieruf: Herr, erbarme dich (Tr 165)*

Herr, du bist die Kraftquelle in allem, was uns schwer fällt. Wir aber sind oft ausgelaugt und geschafft, weil wir uns selbst überschätzen.
*Kyrieruf*

Herr, du bist unser Antrieb zu allem Guten. Wir aber lassen uns oft treiben von wechselnden Stimmungen.
*Kyrieruf*

**Lied: Gottes Wort ist wie Licht in der Nacht**
(Tr 648)

**Hinführung zum Evangelium**
Vielleicht geht es uns so wie den Jüngern nach dem Tod und der Auferstehung Jesu: Wie die Jünger erkennen wir Jesus nicht. Aber im heutigen Evangelium hören wir, wie Jesus mitten im Leben seiner Freunde bleibt. Anders, als sie sich ihn vorstellten, ist er da. Jesus bleibt in ihrer Mitte. Jesus ist weiter der Antrieb und die Kraftquelle.

**Evangelium: Joh 21,1–14**
Die Erscheinung des Auferstandenen am See

**Ansprache**
Wer oder was gibt mir Halt? Wer oder was gibt mir neuen Mut und Kraft für meinen Lebensweg? Das ist eine häufig gestellte Frage von Schülerinnen und Schülern. Diese Frage klingt nicht selten verzweifelt und traurig. In dieser Frage klingt immer auch Angst, manchmal auch Hoffnungslosigkeit mit.
Ohne Halt sein, keine Mitte haben. Wer keine Mitte mehr hat, hat auch seinen Antrieb, seine Hoffnung und seine Kraft verloren. Kein Mensch kann sich diese Mitte selbst schaffen; die Mitte und Kraft unseres Lebens ist uns geschenkt.

Wir haben eine Kerze, die Osterkerze als Symbol für unsere Mitte aufgestellt, als Zeichen für Christus, der gesagt hat: Ich bin das Licht der Welt. Und: Wo zwei oder drei in meinem Namen versammelt sind, da bin ich mitten unter ihnen.
Stellvertretend für jede Klasse legen nun die Klassensprecher bitte je zwei Stöcke an diese Mitte, an diese Osterkerze. So machen wir deutlich, wo unsere Mitte ist und dass jeder rund um diese Mitte seinen Platz hat, an den er gehört und an dem er wichtig ist. Wir legen jetzt unsere Stöcke rund um die Kerze als Speichen eines großen Rades. Jetzt, wo dieses Rad eine Mitte hat, kann es laufen, weil jeder seinen Teil dazu beiträgt. Es kann laufen, weil es von innen angetrieben wird.
Wenn wir von der einen Mitte, von Gott angetrieben werden, dann wird das spürbar in unseren Klassen, denn dann wächst die Gemeinschaft untereinander. Und wenn jeder persönlich von der einen Mitte, von Gott angetrieben wird, dann kann jeder auf seine eigene Weise dazu beitragen.

**Lied und Tanz: Zieh den Kreis nicht zu klein**

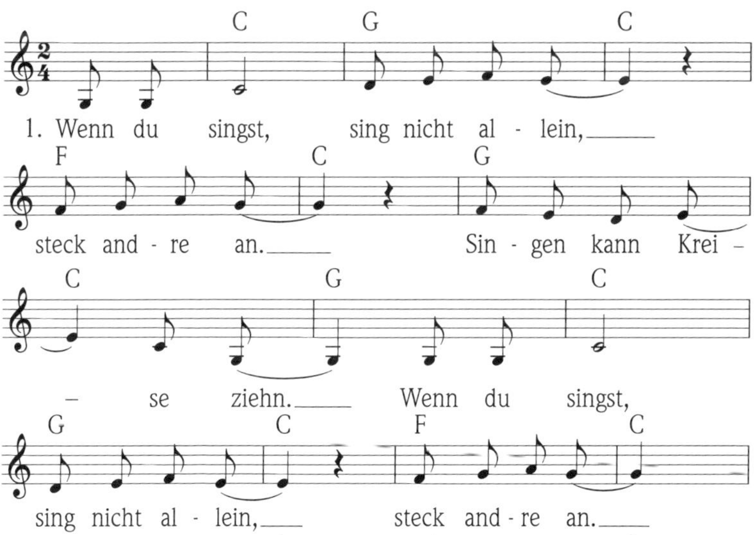

2. Wenn du sprichst, sprich nicht allein,
steck andre an. Sprechen kann Kreise ziehn.
Wenn du sprichst, sprich nicht für dich,
sprich andre an: Zieh den Kreis nicht zu klein ...

3. Wenn du hörst, hör nicht allein,
steck andre an. Hören kann Kreise ziehn.
Wenn du hörst, hör nicht für dich,
hör für mich mit: Zieh den Kreis nicht zu klein ...

4. Wenn du weinst, wein nicht allein,
steck andre an. Weinen soll Kreise ziehn.
Wenn du weinst, wein nicht für dich,
schließ dich nicht ein: Zieh den Kreis nicht zu klein ...

5. Wenn du lachst, lach nicht allein,
steck andre an. Lachen soll Kreise ziehn.
Wenn du lachst, lach nicht für dich,
lach andren zu: Zieh den Kreis nicht zu klein ...

T und M: Heinz-Georg Surmund
Aus: Weitersagen


**Tanzbeschreibung**

Alle stehen in zwei Kreisen möglichst um die Kerze herum, die Hände durchgefasst.

*Strophen:*

Takt 1–8: Der innere Kreis geht links herum, der äußere Kreis geht rechts herum.

| | |
|---|---|
| Takt 9–14: | Der innere Kreis geht rechts herum, der äußere Kreis geht links herum. |

*Refrain:*

| | |
|---|---|
| Takt 1–4: | Die Handfassung lösen. Der innere Kreis geht acht Schritte rückwärts nach außen, der äußere Kreis geht acht Schritte nach innen. |
| Takt 5–8: | Der äußere Kreis geht acht Schritte rückwärts nach außen, der innere Kreis geht acht Schritte nach innen. |

**Vaterunser**

**Lied zum Friedensgruß: Da berühren sich Himmel und Erde**
(VLs 128)

**Segensgebet**
Guter Gott, du unsere Mitte und Halt in unserem Leben,
gib uns Kraft und neuen Antrieb, wenn wir ausgelaugt und müde sind.
Sei Sand in unserem Getriebe, wenn wir gedankenlos funktionieren,
sei unser Ruhepol und unsere Orientierung,
wenn wir ins Rotieren kommen.
So bitten wir dich um deine Nähe und deinen Segen für unser Leben
im Namen des Vaters und des Sohnes und des Heiligen Geistes.
Amen.

**Lied: Ich kenne Gottes Ruf**

T und M: Iglesia C. Pentecostal de Cuba, Deutsch von Eugen Eckert

# 12. Heute fange ich ein neues Leben an?!

Gottesdienst zum Jahresbeginn für die Sekundarstufe II

**Hinführung**

Der Schriftsteller Victor Auburtin (1870–1928) berichtet in seinen Aufzeichnungen »Seifenblasen« treffend: »Alle drei oder vier Monate entdecke ich in meinem Tagebuch die Notiz: Heute fange ich ein neues Leben an.«
Wie schnell versickert der Entschluss zur Wandlung unseres Lebens, unseres Alltags. Wie rasch sind wir wieder in den eingetretenen Pfaden. Wie stark ist die Schwerkraft unserer Gewohnheiten, unserer alten Verhaltensmuster auch und vielleicht gerade in der Schule, wo sich Schüler/innen wie Lehrer/innen in den halt- und kontinuitätgebenden Rhythmus des Schulalltags zu Beginn des neuen Jahres schnell wieder einfinden. Wir kennen den ironiegeladenen Satz: »Der Weg zur Hölle ist mit guten Vorsätzen gepflastert.« Ist aber damit die Übung der »guten Vorsätze« überflüssig geworden? Hier ist Zurückhaltung oder, christlich gesprochen, ein Maß an Barmherzigkeit ratsam. Nicht erst das gelungene Werk unseres Tuns ist der Maßstab christlichen Lebens, sondern die Wandlung, die Umkehr beginnt mit der Sehnsucht, mit der Hoffnung auf Veränderung. Sich selbst zu ändern zu den noch ausstehenden Möglichkeiten des Menschseins, das ist die Aufgabe, die der Jugendliche wie der Erwachsene in der Zeit des Neuen Jahres vor sich hat.

**Vorbereitung/Material**

- zwei große Uhren auf Plakatkarton. Die eine Uhr zeigt den Ablauf eines Tages an, der verplant ist mit Aufgaben und Aktivitäten, der keine Zeit der Ruhe, der Entspannung und der Offenheit mehr zulässt. Die andere Uhr zeigt einen Tagesablauf, der dem Wunsch der Schüler/innen nach Entspannung, nach Zeit für sich selbst und andere gerecht wird.
- Sanduhr
- CD-Player, meditative Musik.

## Lied: In deinen Händen steht die Zeit

(siehe Seite 10)

## Begrüßung, Kreuzzeichen

Der Jahreswechsel ... liegt erst ein paar Tage zurück und doch scheint alles schon wieder seinen alten Lauf zu nehmen. Das Gewohnte – also das, woran wir gewöhnt sind, und das, worin wir innerlich wohnen – ist oft stärker als der Wunsch nach Veränderung. Wer von uns hat nicht, wenn auch nur ganz leise für sich,

Vorsätze gefasst. Auch wenn wir aus der Erfahrung vergangener Jahre bereits um die Brüchigkeit unserer Vorsätze wissen, so sind sie doch immer ein Zeichen unserer Hoffnung. Wir sind hoffentlich noch nicht fertig mit uns. Unsere Träume, Hoffnungen und Wünsche können sich noch häufig ändern im laufenden Jahr. Aber der Jahreswechsel ist ein hilfreicher äußerer Anstoß, nachzudenken über das vergangene Jahr und darüber, wer ich im neuen Jahr sein möchte. Fangen wir neu an, dieses Jahr, diesen Tag und diesen Gottesdienst, und fangen wir ihn an im urchristlichen Zeichen des Neuanfangs, im Zeichen unserer Taufe: im Namen des Vaters und des Sohnes und des Heiligen Geistes. Amen.

**Kyrie**

*Die vorbereiteten Uhren werden präsentiert.*

Schüler/in 1: Wir erleben oft, dass unsere Zeit verplant ist mit vielen Aufgaben, Aktivitäten und Wünschen. Da gibt es neben der Schule so viele Aktivitäten, die unbedingt hineingehören in unseren Tag. Leicht gerät da in den Hintergrund, dass wir selbst es sind, die einen wesentlichen Teil unserer Tageszeit verplanen.
Herr, erbarme dich.

Schüler/in 2: Wir haben unsere Wünsche und Vorsätze, mit denen wir in dieses neue Jahr hineingegangen sind. Aber schon nach wenigen Tagen im neuen Jahr spüren wir, wie sehr wir wieder hineinfallen in die gewohnte Hektik des Alltags. Wo werden unsere Wünsche konkret? Wie ernst ist es uns mit der Veränderung im Umgang mit der Zeit?
Christus, erbarme dich.

Schüler/in 3: Wir wollen mehr Ruhe und Zeit haben für uns selbst und für Menschen, die uns wichtig sind. Wir spüren, dass die Zeit ein kostbares Gut ist. Die Zeit ist eine Chance zur Erneuerung und zum Wachsen. Fangen wir an, die Zeit zu schätzen und uns mehr Zeit zum guten Leben zu schenken.
Herr, erbarme dich.

**Gebet**

Herr, unser Gott, noch stehen wir am Anfang des neuen Jahres.
Der Anfang mit seiner Leichtigkeit, mit seiner Lust auf das Neue,
mit seiner großen Offenheit.
Was kann alles werden in der Zeit, die vor mir liegt?
Was will ich Neues beginnen?
Das Buch des Jahres ist noch leer,
keine Spur, die schon ausgetreten ist ...
Aber ich spüre nach wenigen Tagen schon die Macht des Alltags.
Mein Mut, meine Lust beginnt zu wanken.
Ich schaffe es nicht so leicht, nicht so locker, nicht allein.
Auch an meinem Anfang stehst du, Herr.
Du stützt mich, begleitest mich,
und manchmal musst du mich auch tragen.
Du begleitest das Abenteuer meines Lebensweges.
Du umgibst mich, auch wenn ich dich nicht fassen kann.
Danke, Herr. Amen.

**Lied: Kennst du das alte Lied**

(Tr 170)

**Aktion: Zeiterfahrung**

Alle werden gebeten, ihre Uhren abzugeben. Nachdem die Uhren eingesammelt sind, wird eine Sanduhr in die Mitte gestellt. Während langsam der Sand von oben nach unten rieselt, wird eine meditative Musik gespielt. Über die Dauer von ca. 8 Minuten versuchen alle in Stille die vor ihren Augen fließende Zeit äußerlich und innerlich wahrnehmen. (Zu Beginn dieser Übung kurze Hinweise geben zum gleichmäßigen tiefen Atmen und zu einer aufrechten und unverkrampften Sitzhaltung.)

**Evangelium: Mt 6,25–34**

Von der falschen und der rechten Sorge

**Ansprache**

Ich möchte so viel schaffen. Meine Lebenszeit ist so kurz. Das eine muss ich tun, hier in der Schule, zu Hause, im Verein oder dort,

wo ich Verpflichtungen habe. Anderes will ich tun, ohne dass mich irgendeiner dazu besonders auffordern muss: mit meinen Freunden zusammen sein, Musik machen, Sport treiben, abends weggehen, einfach Spaß haben und am nächsten Morgen ausschlafen. Manchmal komme ich total ins Hetzen, ich kommen richtig aus der Puste. Dann steht selbst meine freie Zeit unter Druck. Wie gut tut es da, einfach mal ruhig zu werden, Musik zu hören, meinen eigenen Empfindungen nachzugehen, ganz bei mir zu sein. Wenn ich mich wieder gesammelt habe, dann kann ich auch die anderen Dinge wieder intensiver erleben.
Ein in der Meditation erfahrener Mann wurde einmal gefragt, warum er trotz seiner vielen Beschäftigungen immer so gesammelt sein könne. Er sagte:
Wenn ich stehe, dann stehe ich.
Wenn ich gehe, dann gehe ich.
Wenn ich sitze, dann sitze ich.
Wenn ich esse, dann esse ich.
Wenn ich spreche, dann spreche ich ...
Da fielen ihm die Fragesteller ins Wort und sagten: Das tun wir auch. Aber was machst du noch darüber hinaus?
Er sagte wiederum:
Wenn ich stehe, dann stehe ich.
Wenn ich gehe, dann gehe ich.
Wenn ich sitze, dann sitze ich.
Wenn ich esse, dann esse ich.
Wenn ich spreche, dann spreche ich.
Wieder sagten die Leute: Das tun wir auch.
Er aber sagte zu ihnen: Nein!
Wenn ihr sitzt, dann steht ihr schon.
Wenn ihr steht, dann lauft ihr schon.
Wenn ihr lauft, dann seid ihr schon am Ziel.

Aus. Sinnvoll leben, Geschichten für junge Leute, Bernward Verlag 1987

**Lied: Meine engen Grenzen**
(VLs 41)

**Fürbittaktion**
Alle Schüler/innen erhalten »Zeitgutscheine«. Die Anzahl der Gutscheine können sie selbst bestimmen. Jede/r ist eingeladen, seine/ihre Zeitgutscheine nach der persönlichen Fragestellung auszufüllen: Für wen oder für was möchte ich mir bald bewusst Zeit nehmen? Während dieser Zeit wird meditative Musik eingespielt. Nach ca. 5 Minuten werden alle gebeten, ihre Zeitgutscheine symbolisch in die Mitte bzw. auf den Altar zu legen.

Leiter/in: Lasst uns nun das Gebet miteinander sprechen, das durch die Geschichte, durch die Zeit bis heute die Kinder Gottes miteinander verbindet und uns aus allen Lebenszusammenhängen unseres Alltags auf die eine Mitte hinweist, auf den Gott, der mit uns ist als unser Vater.

**Vaterunser**

**Lied zum Friedensgruß: Wenn einer zu reden beginnt**
(Tr 105)

**Text: Es ist Zeit**
Es ist Zeit.
Wenn sich in dir alles zubereitet,
wenn der Ton stimmt,
der durch deine Knochen und Innereien zieht,
wenn dir Worte wie Offenbarungen kommen,
wenn es klingelt und jemand sagt:
Ja, du, ich will auch, ich will;
Wenn im Blick nach rechts und links
deine Sicherheit nicht ganz verschwindet,
wenn deine anderen Pläne
wie verjährte Anklagen von dir abfallen,
wenn deine Hände und Füße
anfangen zu denken,
wenn du dich leuchten spürst,
wenn alte Ketten zu Luft werden,
wenn man dich fragt

und du dich wunderst, dass man dich fragt,
wenn dir aufgeht,
dass du schon mal hier warst,
wenn du keinen anderen Weg mehr siehst
als den unbegangenen,
wenn dein Körper in seiner Energie summt,
wenn du willst, willst, willst,
wenn auch mit Angst,
dann ist es Zeit.
Nimm dich ernst.
Werde einseitig.

Nimm Abschied – aber mach es kurz, sonst bleibst du.
Hier wird nichts klarer.
Mehr wirst du nur sehen,
wenn du losgehst,
weil alles andere
hinter der Krümmung der Erde liegt.
Geh doch los.

*Ulrich Schaffer*

Aus: Ulrich Schaffer, Neues umarmen. Für die Mutigen, die ihren Weg suchen. Kreuz Verlag, Stuttgart 1984

**Segensgebet**
Dieser Mut, dieses Wagnis zur Veränderung,
dieser Anfang eines neuen Lebens
sei gesegnet.
Dieses Land, das Unbekannte, das Neue,
das Leben in Fülle, das in dir beginnt,
sei gesegnet.
Du, auf deinem Weg vom Gestern zum Morgen,
zwischen Abschied und Aufbruch
seist gesegnet im Namen des Vaters,
des Sohnes und des Heiligen Geistes. Amen.

**Lied: Da berühren sich Himmel und Erde**
(VLs 128)

# 13. Farbe und Freude ins Leben bringen

Gottesdienst zur Karnevalszeit für die Sekundarstufe I

**Hinführung**

Die Faschings- oder Karnevalszeit – in vielen Regionen als »fünfte Jahreszeit« bezeichnet – kann und soll nicht spurlos am Schulleben vorübergehen. Es kommt ja gerade auch in dieser (vordergründig sehr profanen) Kultur sehr auf die Spuren, auf die Zeichen, auf Farben, auf die vielfältigen Ausdrucksformen dieser Zeit an. Das Verkleiden, das Spielen in verschiedenen Rollen, das »Auf-den-Kopf-Stellen« von Alltagskonventionen bietet eine hervorragende provokative Grundlage, das eigene alltägliche Leben, das Verständnis von Formen sowie auch das Bild von Gott und Jesus in selbstkritischer Weise neu zu entdecken.

**Vorbereitung**

- kurzes Anspiel (Clown und Leiter/in)

## Begrüßung, Kreuzzeichen

## Lied: caminando va

(siehe Seite 37)

## Gebet

Guter Gott, in diesen Tagen, den Karnevalstagen,
da tun junge und ältere Menschen
ganz ungewöhnliche und verrückte Dinge.
Wir schlüpfen in Gewänder, Verkleidungen und Masken.
Manche von uns sind gar nicht wiederzuerkennen.
Wieviel Freude bereitet es uns, in andere Rollen zu schlüpfen.
Es ist beinahe so, als wären wir
wirklich jemand anderes geworden.
Eine Traumfigur vielleicht, eine Märchenfee,
ein Maikäfer, ein Held aus einem Comic.
Unserer Fantasie sind da fast keine Grenzen gesetzt.
Herr, wir danken dir für diese Tage.
Wir danken dir für die Fantasie, die in uns steckt,
weil du sie uns geschenkt hast.

Wir danken dir für die Freude in diesen Tagen.
Du bist ein Gott, der Freude hat am Leben,
ein Gott, der die engen selbst gebauten Lebensgitter aufsprengen möchte,
ein Gott, der uns in die Weite führen will.
So hast du, Gott, unser Herz weit gemacht,
dass wir aus vollem Herzen atmen,
leben, lachen und lieben können.
Wir danken dir. Amen.

**Anspiel**

*Ein Clown kommt nach vorne und beginnt froh um den Altar zu tanzen.*

Leiter/in: Was, ein Clown hier in der Kirche? Das geht doch nicht!

Clown: Das geht nicht ...? Siehst du nicht, wie gut ich hier in der großen Kirche tanzen kann?

Leiter/in: Aber, Moment mal, wir haben hier Gottesdienst und keine Tanzveranstaltung! Was willst du?

Clown: Ich möchte Farbe ins Leben der Menschen bringen. Ich will den Menschen wieder Mut zum Träumen machen. Ich will Freude verbreiten. Ich möchte dazu beitragen, dass die Menschen glücklicher leben. Und besonders da, wo es dunkel ist, da möchte ich Licht verbreiten.

Leiter/in: Ja, hm, das ist alles schön und gut ... Aber nun stör uns nicht weiter, damit wir mit unserem Gottesdienst fortfahren können.

Clown: Ich werde ganz traurig *(schnieft)*, auch wenn meine Maske fröhlich lächelt ... Wie kannst du mich fortschicken? Wenn ich mich umsehe, wirken die meisten von euch so gelangweilt, und manche schauen sogar traurig aus. Das soll eine Feier sein? Ich glaube, ihr braucht einen wie mich ganz dringend, der eure gelangweilten und traurigen Herzen öffnet, der euch wieder Freude schenkt ...

Leiter/in: Aber ... aber ... hm *(nachdenkliches Zögern)* ... wieso traurig? Wir feiern doch in jedem Gottesdienst unseren Glauben an Jesus, der uns Menschen Gottes Liebe bringt ...

Clown: Ja, eben. Überleg doch mal: Jesus wollte im Leben der Menschen ein bunter, froher Farbtupfer sein. Er hat den Traurigen Freude gebracht, er hat den Mutlosen neuen Mut geschenkt, er hat in seiner Liebe zu den Menschen nicht zuerst auf die Uhr, auf die Ordnung, auf die Sauberkeit oder etwas anderes Äußeres geachtet. Seine Art war ungewöhnlich, war voller Fantasie, einer Fantasie der Liebe.

Leiter/in: Ja, *(schwärmt)* er hat den Menschen eine ganz neue Art gezeigt, miteinander zu leben! Hm, ich glaube, es ist doch gut, dass du zu uns gekommen bist ...

**Lied: Eines Tages kam einer**
(Tr 200, Strophe 1–3)

**Hinführung zum Evangelium**

Leiter/in: Weil Jesus eine so eigene Art hatte, eine so ungewöhnliche und zugleich wunderbare Art, nannten auch damals viele Menschen Jesus einen Verrückten ...

*Vor dem zusammenhängenden Evangeliumstext sprechen nun vier Schüler/innen langsam und pointiert je einen Abschnitt aus den vier Evangelien:*

Schüler/in 1: Der Evangelist Markus schreibt: Als die Angehörigen Jesu hörten, er ziehe im Lande herum und predige vom Reich Gottes, das bald kommen wird, da wollten sie ihn mit Gewalt zurückhalten, weil sie dachten er sei verrückt geworden. Jesus – ein Verrückter?

Schüler/in 2: Der Evangelist Matthäus schreibt: Als Jesus sagte, die Tochter des Jairus sei nicht tot, sie schlafe nur, lachten die Leute ihn aus. Jesus aber weckte sie zu neuem Leben auf. Jesus – ein Verrückter?

Schüler/in 3: Der Evangelist Lukas schreibt: Als Jesus vor Herodes stand und sich die Beschuldigungen der Leute anhören musste, sprach er kein Wort. Doch Herodes und seine Soldaten verhöhnten ihn und trieben ihren Spott mit ihm. Sie zogen ihm ein Narrengewand an und schickten ihn zu Pilatus zurück. Jesus – ein Narr?

Schüler/in 4: Der Evangelist Lukas schreibt: Jesus hielt sich gerne bei Zöllnern und Dirnen auf. Er aß und trank mit ihnen. Er wurde von den Leuten beschimpft als Fresser und Säufer. Jesus – ein Fresser und Säufer?

**Lied: Eines Tages kam einer**
(Tr 200, Strophe 4–6)

**Evangelium: Mk 5,21–24.35–43**
Die Auferweckung der Tochter des Jairus

**Ansprache**
Ich bin doch nicht verrückt!!!
Wer von uns will schon gerne »verrückt« genannt werden? Wieso soll ich denn von meiner Schokolade, von meinem Taschengeld oder von meinem Wissen gerade dem etwas mitgeben, der mich da so blöd anschaut oder dem, der mir letztens auch nichts gegeben hat oder gar dem, der mich schon mal beleidigt hat – ich bin doch nicht verrückt!!!
Vielleicht steckt hinter dieser Einstellung die älteste Verhaltensweise, seit Menschen miteinander leben: Wie du mir, so ich dir. Wenn ich gut zu dir bin, dann erwarte ich auch, dass du gut zu mir bist. Und wenn du zu mir gemein und böse bist, dann werde auch ich zu dir gemein und böse sein. So kann sich jeder ganz einfach ausrechnen: Bin ich selbst nett und gut, dann werde ich auch nett und gut behandelt, bin ich gemein, dann muss ich mit Gemeinheit rechnen.
So sind wir. Diese Verhaltensweise gibt uns Sicherheit. Wir wissen: Wenn wir gut waren, dann wird es uns auch gut ergehen, ja, wir haben ein Recht, dass es uns gut geht. Und wenn wir Schlechtes

getan haben, dann müssen wir damit rechnen, dass wir ausgestoßen werden aus der Gemeinschaft mit den anderen, denn das ist ja das Schlimme an einer Strafe: Ich gehöre nicht mehr dazu.
Dieses Schema wirkt so perfekt, aber spüren wir auch, was dieses Schema mit uns macht? Wenn wir nur nach diesem Schema handeln, wer könnte da noch Gutes, Schönes erfahren? Wer würde dann noch Liebe erfahren?
Jeder von uns weiß, dass er ab und zu – selbst wenn er oder sie es gar nicht will – etwas tut, was nicht gut ist. Ab und zu macht jeder einen Fehler, wird jeder an einem anderen schuldig. Und dann? Angst kommt auf. Wenn ich etwas Böses getan habe, bin ich dann draußen? Wer hält dann noch zu mir? Ja, dann entpuppt sich dieses einfache Schema, dieses Vergeltungsprinzip als brutal und gnadenlos. Wir werden gnadenlos, weil wir Urteile fällen über die anderen: Die da verdienen meine Zuwendung nicht mehr ...
Spürt ihr, wie gut es tut, wenn Menschen dieses Schema verrücken, aus diesem Schema ausbrechen, wenn Menschen frei von diesem engen Schema »Recht oder Unrecht« ihr Herz weiten und mit Liebe und Zuwendung auch auf die zugehen, die Böses getan haben? Ohne diese Verrückten würde sich die Kälte, das Misstrauen und vor allem die Angst unter uns Menschen ausbreiten. Mit diesen Menschen, die ein weites Herz haben, die vergeben können, die ihr Hab und Gut und sogar ihr Leben auch mit denen teilen, die als die Bösen gelten – mit diesen Menschen kann sich in unserer Welt immer wieder die Liebe, die Freude, der Mut und das Vertrauen verbreiten.
Darum lasst uns wie Jesus den Mut aufbringen, in diesem Sinne verrückt zu sein. Lasst uns ausbrechen aus dem kalten Schema »schuldig oder nicht schuldig«. Lasst uns aus unseren weiten Herzen heraus andere Menschen zum Lachen bringen, selbst die, um die wir vorher einen Bogen gemacht haben. Gerade dann, wenn wir auch mit diesen feiern, lachen, spielen, dann verkleiden wir uns nicht nur äußerlich, sondern verändern uns auch innerlich. Wir öffnen unser Herz für alle.
Wie sehr brauchen wir in unseren Klassen, in unseren Cliquen, in unseren Familien, in unserer Welt dieses Verrücktsein.

**Lied: Alle Knospen springen auf**
(Tr 111, Strophe 1–3)

**Fürbitten**
Herr Jesus Christus, in unserem Schulalltag wird vieles als normal angeschaut, was du schon längst verrückt hättest. Wir bitten dich: Gib uns den Mut, uns füreinander einzusetzen, auch wenn wir von anderen dafür für verrückt erklärt werden.

Lass uns für die Menschen, die ausgeschlossen sind, die keine Freunde haben, über die schlecht gesprochen wird, wie ein Farbtupfer sein. Wenn wir auf sie zugehen, sie liebevoll anschauen, mit ihnen etwas unternehmen, dann wagen wir neue, vielleicht sogar verrückte Wege, aber Wege der Liebe und Versöhnung.

Die Spielregeln in unserem Alltag, sich zu wehren, zurückzuschlagen, sich nichts gefallen zu lassen, kennen wir allzu gut. Gib uns Mut und Kraft anders zu handeln, den Mut zu verzeihen, auch wenn dieser Mut von anderen als verrückt bezeichnet wird.

In unserer Gesellschaft zählen oft nur Geld und Leistung. Einer ist toll, wenn er reich und schön ist. Lass uns auch hier anders sein. Lass uns die Mitschüler und jeden Menschen so annehmen wie sie sind, wenn es auch verrückt wirkt auf andere Menschen, so zu leben.

Herr Jesus Christus, so lass uns in deine Fußstapfen treten, in die Fußstapfen eines Menschen, der so verrückt war vor Liebe zu den Menschen, dass er gerade in dieser Art die Liebe Gottes verbreitete. Amen.

**Lied: Alle Knospen springen auf**
(Tr 111, Strophe 4)

**Vaterunser**

**Segensgebet**

Herr Jesus Christus, du hast die Sitten und Regeln verrückt, die Menschen klein gemacht haben.
Du hast Farbe und Freude verbreitet durch deine offene Zuwendung zu den Ausgestoßenen deiner Tage.
So lass uns Fasching feiern als Fest der neuen Maßstäbe, als Fest der Farben und des Lichtes nach dem Dunkel und der winterlichen Kälte, unter der viele Menschen heute leiden.
Lass uns offene Arme und Herzen haben füreinander, ohne zu rechnen, ohne andere zu bewerten.
Wir können es nicht allein.
Du bist uns Vorbild und Hilfe.
Darum segne und stärke uns auf diesem Weg der Vater, der Sohn und der Heilige Geist. Amen.

**Lied: Pfadfinderlied**

(Tr 443)

Bewegungen zum Refrain:

| | |
|---|---|
| Flinke Hände | *Arme und Hände heben und kleine Kreisbewegungen ausführen.* |
| Flinke Füße | *Kräftig auf den Boden stampfen.* |
| Offene Augen | *Hände an die Augen legen, als schaute man in die Ferne.* |
| Weites Herz | *Mit den Armen und Händen ein großes Herz in die Luft malen.* |
| Freundschaft, die zusammenhält, so verändern wir die Welt. | *Die Arme auf die Schultern des Nachbarn legen und in dieser Haltung der Verbundenheit leicht nach rechts und links wiegen.* |

# 14. Nein, sie schweigen nicht mehr

Gottesdienst zur Fastenzeit für die Sekundarstufen

**Hinführung**

Die Zeit der Masken, der Rollenspiele des Alltags ist gerade für Kinder und Jugendliche nicht auf die Faschingszeit begrenzt. Als Folge von oder aus Angst vor Enttäuschungen, vor dem Bloßgestelltwerden gehört das Sich-Anpassen, das Aufsetzen von Masken häufig zum gängigen Ritual. Ob ein »cooler«, lockerer oder einfach ein apathischer, aussageloser Gesichtsausdruck – Hauptsache, die verletzbare Seele ist verdeckt.

Die Bibel erzählt von heilenden Begegnungen zwischen Gott und den Menschen, in denen Menschen wieder zu einer Offenheit, zu ihrer Menschlichkeit zurückfinden. Eine solche Auferstehungserfahrung – von der Angst hin zum Leben in Liebe – wird einfühlsam geschildert in der Erzählung »Der gelbe Vogel« von Myron Levoy. Dieser Weg von der Dunkelheit zum Licht, von der Verschlossenheit zum Leben wird in diesem Gottesdienst schrittweise meditiert und nochmals veranschaulicht durch die bekannte Perikope vom Zöllner Zachäus.

**Vorbereitung/Material**

- CD-Player, meditative Musik
- einfache Papiermasken und Teelichter für alle Schüler/innen

## Begrüßung und Kreuzzeichen

## Lied: Kennst du das alte Lied

(Tr 170, Strophe 1–2)

## Gebet

Am Morgen dieses Tages wollen wir uns ganz bewusst auf den Weg machen. Welche Erfahrungen stehen uns heute bevor? Werden wir heute guter Laune und voller Kraft auf die Aufgaben zugehen, die vor uns liegen? Werden wir ängstlich sein und uns fürchten vor unseren Mitschülern, vor den Aufgaben und Ereignissen, die uns heute begegnen?

Gott, Unbekanntes und Bekanntes liegt vor uns.
Wir dürfen darauf vertrauen,
dass du uns kennst, uns begleitest und uns
auch heute wieder deine Liebe spüren lässt. Amen.

**Hinführung zum Kyrie**

*An dieser Stelle wird mit einer inhaltlichen Zusammenfassung des Buches »Der gelbe Vogel« von Myron Levoy gearbeitet.*

Es war einmal ein kleines Mädchen, das miterleben musste, wie sein Vater von Soldaten umgebracht wurde. Es war Krieg. Die Grausamkeit des Krieges veränderte die Menschen. Das kleine Mädchen war nach diesem Erlebnis innerlich ganz verstört. Sie hatte ihre Fröhlichkeit und ihre wache lebendige Art auf einmal verloren. Das Mädchen, nennen wir es Naomi, war plötzlich ganz still, ja stumm geworden. Was sie erlebt hatte, lag wie ein Schatten auf ihrer Seele. Nach diesem Erlebnis war das Leben, die Kraft zu lieben, die Energie und Lust am Leben verschwunden, wie gestorben war die kleine Naomi ...

Kennen wir solche Gefühle auch? Manche Menschen erleben Schreckliches, fühlen sich innerlich ganz dunkel. Manchmal sind auch wir betrübt, manchmal sind wir still, weil uns etwas ununterbrochen beschäftigt, etwas wie ein Stein auf dem Herzen liegt. Damit sind wir oftmals allein.

**Lied: Kennst du das alte Lied**

(Tr 170, Strophe 3 und 5)

**Kyrie**

Wenn wir in unseren Gruppen in der Klasse unter uns sind, wo bleiben dann diejenigen, die zu keiner Gruppe gehören, bleiben sie ausgeschlossen?

*Kyrieruf: Herr, erbarme dich (Tr 197)*

Kenne ich auch aus meiner Familie Situationen, wo der Frieden unter uns zu zerbrechen drohte, wo mein Zuhause nicht mehr der Ort war, an dem ich gerne bin?

*Kyrieruf*

Wie viele Menschen leben am Rande, nicht weil sie Schlechtes getan haben, einfach deshalb, weil sie niemanden haben, der sie mag, der ihnen zur Seite steht.

*Kyrieruf*

**Ansprache**

Naomi wohnt mit ihrer Mutter in einem Mehrfamilienhaus. Nebenan wohnt eine kleine Familie. Der Vater dieser Familie erkennt schnell, wie es Naomi geht. Die Erwachsenen überlegen gemeinsam, wie sie dem Mädchen helfen können, dass sie wieder zu lachen beginnen kann, sich freuen kann und ihre Sprache wiederfindet. Dem Vater kommt eine Idee. Der Sohn der Familie, Alan, soll hingehen und eine Freundschaft mit Naomi aufbauen. Welch eine schwierige Aufgabe ...

Das Mädchen spricht kein Wort. Alan hat kein Rezept für den Aufbau der Freundschaft mit Naomi. Er verbringt auf Bitten seines Vaters viele Stunden bei Naomi, er versucht mit ihr zu spielen, sie zum Lachen zu bringen, er lässt sich vieles einfallen. Ja, mit der Zeit spürt er, dass Naomi sich freut, wenn er zu ihr kommt, auch wenn sie ihre Freude nicht in Worten ausdrückt.

Alan hat eine neue Idee: Er nimmt zwei Spielpuppen aus seiner Theaterkiste. Eine gibt er Naomi, eine ist für ihn selbst. Nun spricht er Naomi mit der Puppe an. Er gibt seiner Puppe den Namen Charlie. Auf einmal gibt auch Naomi ihrer Puppe einen Namen. Sie sagt mit ihrer Puppe zu Charlie: Hallo Charlie, ich bin Janet. Ganz, ganz langsam beginnt ein Spiel zwischen den beiden Puppen. Die Puppen sprechen miteinander – nicht Alan und Naomi. In dieser Welt des Spiels gibt es nur Charlie und Janet. Sobald sie die Rollen verlassen, ihre Puppen ablegen, ist es wieder still zwischen Naomi und Alan. Die Fantasiewelt ist die einzige Welt, die bislang existiert.

Kennen auch wir diese Art des Spiels? Vielleicht haben wir keine Puppen in der Hand. Aber wir setzen Masken auf. Wir spielen eine andere Person, als wir wirklich sind. Wir zeigen uns nicht, sondern verstecken uns. Ein sehr anstrengendes, oft verzweifeltes Spiel. Ich kann nicht ohne diese Masken, ohne dieses Spiel vor die anderen hintreten. Ich gebe mich besonders locker, aber in mir ist Anspannung. Ich gebe mich besonders cool und so, als sei mein Wesen Sonnenschein, aber in mir ist Angst und die Sehnsucht nach Wärme, nach einem Menschen, der mir Mut macht, ohne Masken zu leben. Ich umgebe mich mit den Symbolen des erfolgreichen, unabhängigen Menschen, aber in mir ist oft das Gefühl, nicht viel zu können, nicht viel wert zu sein, und eine Angst vor der eigenen Zukunft.

*Stille*

**Lied: Leben wird es geben**
(Tr 154)

So spielen die beiden miteinander eine lange Zeit. Sie werden sich in ihrem Spiel vertrauter. Und irgendwann passiert das so sehr Gewünschte: Naomi nennt ihren eigenen Namen. Sie sagt: »Ich« und meint nicht mehr die Puppe. Sie sagt »Du« und meint Alan. Es entsteht eine Beziehung – noch ganz zerbrechlich und verwundbar, aber da wird das Mädchen im Umgang mit Alan neu geboren. Sie findet ihre Lebensfreude wieder. Zwischen beiden wächst eine beinahe geheimnisvolle Freundschaft und Liebe. Und Naomi lebt auf. Sie, die anfangs wie versteinert war, entfaltet ihr Inneres nach außen und wird ein Mensch voller Liebe. Die beiden brauchen keine Masken mehr. Was langsam zwischen ihnen gewachsen ist, verbindet sie. Sie erfahren etwas, das in den Worten »Sie spricht wieder« nicht erfasst werden kann. Sie erfahren beide etwas wie »Neu geboren werden«.
Was sich hier ereignet hat ist wunderbar. Naomi hat in der Beziehung zu Alan wieder zu sich selber gefunden. Über einen langen Zeitraum erfährt sie von Alan Angesprochenwerden, Vertrauen und die Einladung zu antworten, die Einladung, aus der Dunkelheit ihrer Seele herauszukommen, wieder an das Licht zu glauben und zum Licht des Lebens zu finden.

Wo spüre ich Dunkelheit in mir? Was lastet auf meiner Seele? Gibt es auch bei mir Erfahrungen, Ängste, Gedanken, die mich verschließen, die mich stärker oder weniger stark, oft oder seltener stumm sein lassen?

*Die Schülerinnen und Schüler erhalten eine einfache aus Papier angefertigte Maske.*

Was steht in der Innenseite meiner Maske?

*Instrumentalmusik wird eingespielt. Währenddessen sind die Schülerinnen und Schüler eingeladen, ihre Maske zu betrachten. Wer möchte, kann sie auch innen beschriften.*

Einer spricht uns an, einer, der sich danach sehnt, mit uns in Kontakt zu kommen, einer, dessen Wort für uns wie eine Einladung zum Leben sein kann.

**Lied: Gottes Wort ist wie Licht in der Nacht**
(Tr 648)

**Evangelium: Lk 19,1–10**
Jesus im Haus des Zöllners Zachäus

**Fürbitten**
Die Faschingszeit liegt nicht zufällig im Februar. Der Winter ist fast vorüber. Die Tage werden spürbar länger. Es wird wärmer und die Sonne ist wieder da.
Die Sonne hat das Dunkel vertrieben. Das Dunkel auch in unserer Seele, das Dunkel, das wir oft nicht verstehen, das Dunkel, das es in unserem Leben oftmals gibt. Wir möchten wieder Licht spüren – in der Welt, aber auch in unserem Inneren. So hat Fasching einen ganz wichtigen Hintergrund: die Freude über das Ende des Winters. Dass es hell und warm wird auch in uns, in unserem Zusammenleben und nicht nur zur Faschingszeit, darum lasst uns nun bitten.

Guter Gott, gib uns Ideen und Fantasie, wie Alan, wie Jesus, damit auch durch uns Menschen, die innerlich im Dunkeln und in Angst leben, wieder aufleben und neuen Lebensmut in sich spüren können.

Guter Gott, gib uns das Durchhaltevermögen und die Geduld im Umgang mit Menschen, die anders sind. Geduld ist oftmals ein anderes Wort für Liebe.

Guter Gott, in den nächsten Tagen feiern wir Fasching. Wir sind ausgelassen und guter Laune. Lass diese Tage schön werden, lass uns gerade an diesen Tagen unsere alten Gewohnheiten ablegen.

Hilf uns, nicht nur äußerlich ein lockeres Gesicht aufzusetzen, sondern auch innerlich Freude und Sonne zu tanken.

Guter Gott, wir leben in der Klasse, in der Familie, in unserem Freundeskreis zusammen. Wenn ich nur daran denke, wie ich möglichst viel bekomme, dann geht es mir bald wie dem Zachäus, der reich, aber einsam und allein ist. Wenn wir lernen, dafür Verantwortung zu tragen, dass es uns allen gut geht, dass jeder wichtig ist, erst dann wird es lebendig und schön. Hilf uns dabei!

Als Zeichen unserer Hoffnung, dass Gott unser Dunkel erhellen, unsere Verschlossenheit öffnen kann, dass er uns durch seine Liebe und durch Menschen, die uns seine Liebe spüren lassen, zu uns selbst befreien kann, entzünden wir ein Licht an der Osterkerze und stellen es in unsere Maske.

*Die Schüler/innen kommen mit ihren Teelichtern nach vorne, zünden sie an und legen sie mit ihren Masken an den Altar.*

**Vaterunser**

**Lied: Von allen Seiten umgibst du mich**
(DZf 153)

**Segen**
Gott, der du uns annimmst, wie wir sind,
der du uns in deiner Liebe einlädst,
unser wahres Ich zu finden,
der du uns begleitest auf dem Weg der Selbstwerdung,
segne uns: der Vater, der Sohn und der Heilige Geist. Amen.

**Lied: Ich lobe meinen Gott**
(Tr 649)

# 15. Wecke deine Sinne und du wirst staunen

Gottesdienst für die Sekundarstufen

**Hinführung**

Noch immer ist oftmals die Schulwelt ebenso steril, ebenso wenig sinnanregend wie eine volldigitalisierte Medienwerkstatt. Gerade ab der Sekundarstufe beginnt mit der Ausdifferenzierung der Lernbereiche auch die Vereinseitigung und Begrenzung der Förderung des jungen Menschen auf den kognitiven Wahrnehmungsbereich. In günstigen Fällen absolvieren Pädagogen Zusatzstudien und Kurse, um die Defizite an ganzheitlichen Lernmethoden abzubauen. Warum kann nicht auch die religiöse Praxis auf ihre eigene Weise einen Beitrag dazu leisten, dass die Sinne des Jugendlichen wieder geweckt werden, oder in der Sprache des Glaubens, dass er wieder »ganz Mensch wird«, Mensch mit allen Sinnen; denn dazu sind wir eingeladen von dem Mensch gewordenen Gott. Das Sehen wieder zu lernen, nicht das berechnende, nicht das glotzende, nicht das starrende Sehen, sondern das Wahrnehmen in Stille, nicht das Viele, Große sondern eher das Wenige und Unscheinbare, Alltägliche; dies weist über sich hinaus auf das Geheimnis schlechthin, auf die zeichenhafte Gegenwart Gottes in unserem Leben. Dieser Gottesdienst will gegen die schleichende Verödung unserer Sinneswahrnehmungen konkrete Übungen anbieten und die Bedeutung eines wachen, »bei Sinnen seienden« Menschseins für den Glauben aufzeigen.

**Vorbereitung/Material**

- Tageslicht- oder Diaprojektor, eine Folie/ein Dia von einem Tautropfen an einer (Kirsch) Blüte
- für das Rollenspiel: die Attrappe eines Fernsehgerätes und eines Computers, ein Kopfhörer, leere Bierflaschen, Zigaretten und Feuerzeug, in Papier gerollte Hamburger, ein Badmintonschläger, Müll, ein Buch, ein selbst gemaltes Bild
- für die Fantasiereise: CD-Player, meditative Musik
- für die Geschmacksübung: frisches Brot auf einer Schale
- für die Fühlübung: Tennisbälle.

## Begrüßung, Kreuzzeichen

## Lied: Wo ist denn Gott?

(Tr 447)

## Bildbetrachtung: Tautropfen

Wer kennt das nicht: In der Morgenfrische sind das Gras, die Zweige an den Bäumen und Sträuchern benetzt mit Tautropfen. Ein zartes Kleid der Feuchtigkeit umgibt die Natur. Oft ist die ganze Luft mit einem Nebelschleier getränkt, der sich langsam lichtet und das Aufgehen der Sonne ankündigt. Ein Schauspiel der Natur – an jedem Morgen neu. Jeder Tag ein Neuanfang, jeder Tag eine Einladung an uns:
Glaube an die Chancen, die Entdeckungen, die dieser Tag für dich bereithält. Wie das Spiel der Zweige, Blätter, der Farben, der Düfte, der Lichter und das Wehen des Windes ein sinnliches Schauspiel der Natur sind, so öffne auch deine Sinne für die vielen Stimmen, Düfte, Farben, Geschmackseindrücke und Reize, die der Tag dir heute schenkt. Überfordere dich und deine Sinnesorgane nicht. Gib den Eindrücken Zeit, in dir zu wirken, und achte auf die Botschaft deiner Sinne in dir.

## Pantomimisches Rollenspiel

*Im Altarraum sitzt eine Schülergruppe. Einige schauen in den »Fernsehapparat«, andere sitzen vor dem »Computer« und spielen mit ihren Joysticks. Wieder andere haben einen Kopfhörer auf und bewegen sich zu gleichförmigen Rhythmen. Es liegen Bierflaschen, halb leere Tüten mit Hamburgern herum, einige rauchen Zigaretten. Der ganze Raum wirkt verklebt und unordentlich.*
*Ein Schüler kommt hinzu und möchte mit einem aus der Fernsehgruppe Kontakt knüpfen. Er möchte ihn einladen, mit hinauszugehen und Badminton zu spielen. Er trägt einen Badmintonschläger unter dem Arm. Aber sein Versuch, den anderen für seine Idee zu begeistern, ist vergeblich. Die Fernsehsendung ist interessanter.*
*Das folgende Kyriegebet wird abschnittweise in das Rollenspiel eingefügt:*

Schüler 1: Ich habe es so satt, diese Hetze nach Neuem.
Ich zappe mich durch den glitzernden Warenmarkt unserer Tage.
Mein Kopf ist voll mit Parolen seichter nichtssagender Sprüche.

Meine Ohren sind fast taub von dem Hämmern der dröhnenden Musik.
Meine Augen sind unruhig vom Stieren und Starren in cooler Verkrampfung.
Herr, erbarme dich.

*Eine zweite Schülerin kommt nach vorne zu denjenigen, die Musik hören. Sie versucht jemanden zu gewinnen für ein Buch, das sie sich gerade eben gekauft hat (z. B. »Sophies Welt«). Aber auch ihr Werbeversuch bleibt ohne Erfolg.*

Schülerin 2: Was ich möchte, ist so wenig und doch so viel.
Ich will wieder empfänglich werden für die zarten Töne.
Ich will statt dem Vielen um mich wieder Fülle in mir spüren.
Ich will statt dem Schnellen, Atemlosen um mich wieder langsam und tief atmen.
Ich will statt des habgierigen Gaffens und stummen Hörens
Neues entdecken und verstehen voll Achtung und Anteilnahme.
Christus, erbarme dich.

*Ein weiterer Schüler kommt herein zu der Gruppe und wendet sich an jemanden, der beim Computerspiel beteiligt ist und gerade eine Bierflasche in der Hand hält. Er lässt sich nicht beeindrucken von dem Bild, das der andere ihm zeigt. Er lässt sich nicht auffordern, mitzugehen und selbst zu malen.*

Schüler 3: Herr, wecke mich aus meiner Blindheit und lass mich sehen.
Wecke mich aus meiner Abgestumpftheit und lass mich hören.
Wecke mich aus meiner ziellosen Hetze und lass mich in Gelassenheit gehen.
Herr, erbarme dich.

*An dieser Stelle bieten sich verschiedene Wahrnehmungsübungen an. Die folgenden Beispiele sind Angebote.*

**Gelenkte Fantasie: Einander anschauen**

*Leise meditative Musik wird eingespielt. Der/Die Gottesdienstleiter/in spricht:*

Schließe deine Augen und setze dich so hin,
dass dein Atem ungehindert durch dich strömen kann.
Ausatmen – Pause – Einatmen.
Lege nun deine Handflächen über deine beiden Augen.
So bist du ganz bei dir, wie kleine Kinder,
die in ihrer Fantasie auf diese Weise sich selbst verbergen.
Du bist bei dir, bei deinem Rhythmus, spürst deine Wärme,
spürst, wie du auf einer inneren Reise
immer tiefer zu deiner eigenen Ruhe findest.
Verweile einfach in dieser wohltuenden Ruhe.

Nun, wenn du angekommen bist bei dir,
wenn du deinen Atem fließen spürst,
wenn du dein Blut strömen spürst in dir,
wenn du dich gesammelt und gestärkt fühlst,
dann kehre um, komm langsam zurück
aus deiner Innenwelt in die Außenwelt.
Nimm dein angenehmes Wohlsein, deinen gesammelten Frieden
mit aus dir heraus hin zu den Menschen,
mit denen du jetzt zusammen bist.
Gehe langsam den inneren Weg von deinem Herzen
hin zu deinen Augen und öffne sie dann ganz vorsichtig.

Schaue vor dich, und dann wende ganz langsam
dein Gesicht und deine Augen deinen Nachbarn zu.
Schaue sie schweigend an, schaue in ihre Augen,
und wenn ihr mögt, teilt eure Empfindung einander mit,
schweigend durch euren Blick, vielleicht durch ein Lächeln.

*Während die Musik weiterläuft, werden einige Impulse in den Raum gesprochen:*

Sehen, blind sein, meinen Blick sammeln, in mich hineinsehen, in mir ankommen, innere Bilder wahrnehmen. Der innere Blick wird ruhig wie ein See, dann kehre ich um, offen für die Verbindung von

Innen und Außen, gestärkt für die Konturen der Welt, gespannt auf Wunder, hoffend auf wohltuende Augen, die von Herzen kommen.

**Text: Das Hören**

Ein Indianer verließ eines Tages das Reservat und besuchte einen weißen Mann, mit dem er befreundet war. Das Leben in der Stadt mit all den Autos, den vielen Menschen und dem Lärm war ganz neu für den Indianer. Plötzlich tippte der Indianer seinem Freund auf die Schulter und sagte zu dem Weißen: »Hörst du auch, was ich höre?«

Der weiße Freund des roten Mannes horchte, lächelte sogleich und sagte dann: »Ja, ich höre das Hupen der Autos, das Rattern der Omnibusse und das Rufen der Menschen in der Straße. Was hörst du denn?«

Daraufhin sagte der Indianer zu dem weißen Mann: »Ich höre das Zirpen einer Grille.« Wieder horchte der weiße Mann. »Du musst dich täuschen«, meinte er, »hier gibt es keine Grillen. Selbst wenn es hier Grillen gäbe, dann könnten wir sie nicht hören bei dem Lärm, den die Autos machen.«

Der Indianer aber ging ein paar Schritte. Vor einer Hauswand blieb er stehen und schob die rankenden Weinblätter zur Seite, und da – sehr zum Erstaunen des weißen Mannes – saß tatsächlich eine Grille, die laut zirpte. Nun, da der weiße Mann die Grille sehen konnte, fiel auch ihm das Geräusch auf, das sie von sich gab.

Als sie weitergegangen waren, sagte der Weiße zu seinem Freund, dem Indianer: »Natürlich konntest die Grille hören, denn dein Gehör ist eben besser geschult als meines. Indianer können besser hören als die Weißen.«

Der Indianer schmunzelte und sagte: »Da täuschst du dich, mein Freund. Das Gehör eines Indianers ist nicht besser und nicht schlechter als das eines weißen Mannes. Pass auf, ich will es dir beweisen.«

Er griff in die Tasche, holte ein 50-Cent Stück hervor und warf es auf das Pflaster. Es klimperte auf dem Asphalt, und selbst die Leute, die mehrere hundert Meter von dem weißen und dem roten Mann entfernt gingen, wurden auf das Geräusch aufmerksam und sahen

sich um. Einer eilte schnell zu dem Geldstück, steckte es in seine Hosentasche und ging seines Weges.
»Siehst du«, sagte der Indianer, »das Geräusch, das das 50-Cent-Stück verursachte, war nicht lauter als das Geräusch der Grille, und doch hörten es viele der weißen Männer und drehten sich danach um, während das Geräusch der Grille niemand hörte außer mir. Der Grund dafür liegt nicht darin, dass das Gehör der Indianer besser ist. Der Grund liegt darin, dass wir alle stets das gut hören, worauf wir zu achten gewohnt sind.«

*Frederik Hetmann*

Aus: Wildwest Show, Beltz Verlag, Weinheim 1973

*Leiter/in:* Hören, alltäglich vertraute Geräusche, Orientierung durch das, was ich höre. Je mehr Geräusche ich durcheinander höre, desto weniger Orientierung habe ich. Wenn es still wird, trete ich ein in eine neue Phase des Hörens, vor Überraschungen bin ich nicht sicher, aber auch nicht vor Ängsten. Ungewohnte Stille, ich höre mein Atmen, ich werde hellhörig, ich kann jemandem mein Gehör schenken. Es liegt an mir, neu die Ohren zu spitzen, damit ich ein Ohr habe für die leisen Töne des Lebens, für die Signale aus meinem Inneren, für die Stimmen der Menschen um mich, für das, was Gott mir sagen will.

**Lied: Effata**
(Tr 295)

**Geschmacksübung**
*Hunger und Durst kennen wir in der Regel in unseren Breiten nicht. Essen und Trinken sind oft bestimmt von individuellen ästhetischen Gewohnheiten. Das mag ich, das mag ich nicht ... Vom produktorientierten Feinschmecker wieder zu der Erfahrung zu finden: Speisen sind Mittel, die meinen Hunger stillen, die ich notwendig brauche wie die Luft zum Atmen, diese Erfahrung kann, wenn auch nur ansatzweise, vermittelt werden durch die folgende Übung, deren Einsatz sich besonders in der Fastenzeit anbietet:*

*Frisch gebackenes Brot liegt auf einer Schale. Die Schale wird von einem zum anderen weitergereicht und anschließend wieder in die Mitte gestellt.*

Sprecher/in: Wenn ich das kleine Wort »Brot« durchbuchstabiere, wenn ich sage:
B wie Brot, wie beten, bitten, Bettler, Butter, borgen, Brosamen, Bauer, brotlos, Brotzeit, Beieinander, Butterbrot, backen,
R wie Regen, Roggen, reisen, reichen, riechen, Ruanda, Rastplatz, retten,
O wie opfern, Ostern, oft, ofenfrisch, Osten, original,
T wie teilen, trösten, Tisch, täglich, Tod, Tat,
dann wird mir klar: Brot ist mehr als Brot. Wenn es um Brot geht, geht es um Leben.

*Nun geht einer nach dem anderen zu der Brotschale, bricht oder schneidet ein Stück von dem Brot ab und gibt es einer Person aus der Runde, mit der er/sie sich jetzt (neu) verbinden möchte. Alle werden gebeten, das Brot langsam zu kauen und die Entfaltung des Geschmacks intensiv nachzuempfinden. Dazu wird die Melodie des Liedes: »Das Brot aus der Erde gewonnen« eingespielt (Gotteslob) und langsam der Text gelesen. Anschließend wird das Lied gemeinsam gesungen.*

**Lied: Das Brot aus der Erde gewonnen**

Das Brot aus der Erde gewonnen,
das Brot von Händen gemacht,
das Brot schmeckt nach Menschen und Tränen,
das Brot einer schlaflosen Nacht.

Das Brot des Kriegs und des Friedens,
das täglich gleiche Brot,
das fremde Brot einer Liebe,
das steinerne Brot im Tod.

Das Brot, das wir teuer verdienen,
das Geld, unser Leib und Genuss

das Brot des Zusammenlebens,
der ärmliche Überfluss.

Das Brot, das wir essen müssen,
das Brot, das dem Leben dient,
wir teilen es miteinander,
solange wir Menschen sind.

Du teilst es mit uns und so teilst du
dich selber für alle Zeit,
ein Gott von Fleisch und von Blut,
du, ein Mensch, dem wir ewig geweiht.

*Huub Osterhuis*



**Fühle meine Wunden und du wirst begreifen (nach Joh 14): Der Tastsinn**

Wir er-fassen, be-greifen, ertasten die Welt und einander. Der Tastsinn ermöglicht es uns zu verstehen, ohne dass ein Wort nötig ist, zu erkennen, ohne dass wir unsere Augen benötigen, einander etwas zu sagen, ohne zu sprechen. Der Tastsinn spricht für sich. Das Ertasten, das Berühren eines Menschen kann »unter die Haut gehen«, kann tiefer gehen als mancher Blick oder manches Wort. Körperkontakt ist lebenswichtig. Ein Kind, das nicht gestreichelt und liebkost wird, muss später mühsam erlernen, liebesfähig zu werden. Wer allerdings grob und aufdringlich den anderen angrapscht, ihn oder sie »anbaggert«, der zerstört die Chance einer Begegnung, eines angstfreien Umgangs miteinander. Wenn uns dies bewusst ist, können wir es wagen einander nahe zu kommen in Achtung und Einfühlsamkeit. Wir können Angenommensein erfahren und lernen, einander mitzuteilen, was uns gut tut.

**Text: Unsere Körper**

Auch wir haben Körper,
die leuchten, einander rufen
und Wege suchen, sich zu begegnen.
Haut hat Sehnsucht nach Haut.
Blut sucht Feuer.

Und doch dürfen wir sie nicht vorschicken
und überfordern.
Sie sind nicht stark genug,
die Wege für unsere Seelen zu ebnen.
Zu leicht ertrinken sie im Fleisch,
und wir gehen mit ihnen unter, ohne es zu merken.

Herkunft unbekannt

Leiter/in: Ich möchte euch einladen, euch gegenseitig euren Rücken zu massieren. Rollt einen Tennisball aus Schaumstoff langsam über den Rücken, die Beine, die Schultern und den Kopf eures Partners bzw. eurer Partnerin. Seid vorsichtig und lasst euch dabei Zeit. Anschließend wechselt eure Rollen, und danach tauscht euch über eure Erfahrungen aus.

**Lied: Glauben mit allen Sinnen**
(DZf 86)

**Evangelium: Mk 8,22–26**
Jesus heilt einen Blinden

**Fürbitten**
Menschenfreundlicher Gott, lass uns mit unseren Sinnen sehen, hören, schmecken, fühlen und in allem staunen über das reiche Leben, das du uns schenkst.

Lass uns hören auf die lauten und leisen Geräusche, auf Worte und Töne, auf Stimmen und auf uns selber. Wer Ohren hat zu hören, der höre.

Lass uns sehen, Farben und Formen, Bewegungen und Gestalten, Details und das Ganze, lass uns sehen mit dem Herzen. Wer Augen hat zu sehen, der sehe.

Lass uns schmecken, Süßes und Herbes, Bitteres und Zartes, Abgeschmacktes und Geschmackloses, und lass uns suchen nach dem guten Geschmack des Lebens. Wer einen Gaumen hat zu schmecken, der schmecke.

Lass uns spüren, Wärme und Kälte, Berührung und Schmerz, Angenehmes und Unangenehmes, Luft und Wasser, Hände und Haut. Wer von Haut umgeben ist, der spüre.

**Lied: Du kannst der erste Ton in einem Liede sein**
(Tr 735)

**Das Vaterunser mit dem Körper beten**

| **Vaterunser** | ***Bewegungen*** |
|---|---|
| Vater unser im Himmel, | *Beide Arme in Orantehaltung erheben.* |
| geheiligt werde dein Name. | *Arme und Hände langsam nach oben führen.* |
| Dein Reich komme, | *Die Hände gehen weit auseinander und bilden einen Kreis – wie eine Krone.* |
| dein Wille geschehe wie im Himmel so auf Erden. | *Der rechte Arm zeigt nach oben, der linke Arm nach unten.* |
| Unser tägliches Brot gib uns heute, | *Die Hände werden vor dem Körper wie eine Schale gehalten.* |
| und vergib uns unsere Schuld, | *Die linke Hand geht nach links, die Rechte ebenfalls und deckt die Linke zu.* |
| wie auch wir vergeben unseren Schuldigern. | *Die rechte Hand legt sich auf die ausgestreckte linke Hand des rechten Nachbarn.* |
| Und führe uns nicht in Versuchung, | *Arme ausstrecken – nach vorne waagerecht überkreuzen.* |
| sondern erlöse uns von dem Bösen. | *Die überkreuzten Arme werden nach oben geführt und plötzlich gelöst* |
| Denn dein ist das Reich | *Die Arme werden nach oben gestreckt.* |

und die Kraft und die Herrlichkeit in Ewigkeit.

*Jeder fasst seinen Nachbarn an den erhobenen Händen, die sich langsam senken.*

Amen.

*Langsame, tiefe Verbeugung zur Kreismitte, zum Altar und voreinander.*

**Friedens- und Segensgebet**

Der Herr, voller Liebe wie eine Mutter und wie ein Vater,
er segne deine Ohren und lasse dich hören
seine froh machende Botschaft in den leisen Tönen deines Lebens.
Er segne deine Augen und lasse dich sehen
die Wunder des Lebens mitten in deinem Alltag.
Er segne deinen Geschmack und lasse dich schmecken
Wein und Brot, die Lebensmittel, die du wirklich brauchst.
Er segne dein Gespür und lasse dich ertasten
die verletzliche Haut, die dich begreifen lässt die geschenkte Liebe.
So sei gesegnet in all deinen Sinnen
durch den Vater, den Sohn und den Heiligen Geist. Amen.

**Lied: Du bist das Leben**

(siehe Seite 23)

# 16. Die Asche und das Kreuz – Was ist eigentlich wirklich wichtig für mich?

Gottesdienst zum Aschermittwoch für die Sekundarstufe II

**Hinführung**

Die Asche ist das greifbare Zeichen für die Erfahrungen, die wir als traurig, als Angst machend, als unschön erleben. Was bleibt angesichts solcher Lebenserfahrungen? Was kann uns Halt und Hoffnung geben angesichts von Ascheerfahrungen: Das ist die Leitfrage dieses Gottesdienstes. Die dunklen Erfahrungen von Verzweiflung und Hoffnungslosigkeit sind jungen Menschen häufig näher als wir gemeinhin glauben, darum wird die existenzielle Erfahrung der Dunkelheit in diesem Gottesdienst intensiv beleuchtet, bevor die Botschaft vom bedingungslosen Angenommensein durch Gott dem gegenübergestellt wird.

**Vorbereitung/Material**

- ein feuersicheres Gefäß, ein Feuerzeug und trockene Palmzweige.

## Lied: Du bist da, wo Menschen leben

(VLs 150)

## Begrüßung, Kreuzzeichen

»Am Aschermittwoch ist alles vorbei«, heißt es in einem Faschingslied. Ja, wo gestern noch gefeiert wurde, auf den Straßen und in geschmückten Räumen, wird heute aufgeräumt. Gestern noch waren viele von uns bunt geschminkt und heute ist die Schminke abgewaschen. Ist nun alles vorbei?

Nein, gerade für die Christen beginnt heute eine neue Zeit, Vorbereitungszeit auf Ostern.

Wir wollen diese Zeit gemeinsam und mit Gott nun beginnen im Namen des Vaters und des Sohnes und des Heiligen Geistes. Amen.

## Gebet

Guter Gott, vorbei sind nun die Tage des Karnevals,
des Verkleidens, des Ausgelassenseins, des tollen Trubels.
Heute Morgen feiern wir Gottesdienst, wir werden stiller.
Wir lassen die lauten, die tollen Tage hinter uns

und gehen mit dem heutigen Tag in eine andere Zeit,
die Vorbereitungszeit auf Ostern, die Fastenzeit.
Vielleicht sind wir traurig, dass die Faschingszeit nun vorbei ist.
Hilf uns dabei, uns einzustellen auf die Zeit, die jetzt vor uns liegt.
Hilf uns dabei, das Besondere, das Wertvolle dieser Zeit,
der Fastenzeit für unser Leben zu entdecken.
Mach uns bereit, uns zu verändern, uns zu erneuern.
Geh mit uns durch diese Vorbereitungszeit auf Ostern zu. Amen.

**Aktion: Verbrennen der Palmzweige**

Von den Luftschlangen zur Asche: Das ist der Wechsel, der heute markiert wird. Von den leicht wehenden, bunten Farben, von den ausgelassenen Feiern, von der Lust, sich zu verkleiden, von der Heiterkeit, sich in den Armen zu liegen, hin zum Aschermittwoch.
Aschermittwoch und Fastenzeit, Umkehr und Buße. Zu diesen vielleicht altmodisch klingenden Dingen laden die christlichen Kirchen heute ein.
Heute ist Schluss mit den Verzückungsrufen. Damit ist doch schon einmal einer bejubelt worden: Dieses Oh und Ah, dieses Hosianna zu wedelnden Palmzweigen. Und drei Tage später hat sich die Stimmung der Massen gewandelt in ein: Ans Kreuz mit ihm!!!

*Die Palmzweige werden in einem Gefäß verbrannt.*

Was bleibt, wenn wir das, was wir lauthals anpreisen, was wir stolz und schillernd vor uns hertragen, loslassen und verbrennen ... Von all diesem Haben und Gehabe bleibt nichts übrig. Nichts, sagen wir wertend, und meinen damit Asche.
Asche steht für Armseligkeit, Asche steht für »am Ende sein«, Asche steht für den Dreck, der übrig bleibt. Übertragen steht Asche für das Vergehen und das Sterben.
Diese Deutung der Asche ist kein geistreiches Wortspiel. Hier geht es um die Erfahrung von Menschen, um Ascheerfahrung, die wir vielleicht auch schon selbst erfahren und erleiden mussten.
Lasst uns nun diese Ascheerfahrungen vor Gott bringen.

**Kyrie**
Asche ist grau.
Viele Menschen, vielleicht auch wir selbst, wissen was es bedeutet, eine graue Maus zu sein: Angst zu haben, sich zu klein zu machen, traurig und enttäuscht zu sein, sich leer zu fühlen.
*Kyrieruf: Herr, erbarme dich (Tr 165)*

Asche ist Dreck und Abfall.
Es gibt Zeiten in unserem Leben und im Leben vieler Menschen, da sagen wir, wir fühlen uns dreckig. Die Erfahrung von Schuld, die Erfahrung: Da ist meine bis dahin heile Lebenssichtweise unheil und zerstört worden.
*Kyrieruf*

Asche ist der Rest, der vom Feuer übrig bleibt.
So erinnert uns die Asche daran, dass alles vergänglich ist. Wir Menschen werden einmal sterben, und auch die schönen Momente unseres Lebens bleiben nicht bestehen.
*Kyrieruf*

Angesichts dieser Erfahrungen von Unheil, von Bedrohung der Lebenshoffungen sehnen wir uns mit allen Menschen nach Heil und Leben. Wir Menschen sehnen uns nach Licht in den Nächten der Angst und Dunkelheit.

**Lied: Gottes Wort ist wie Licht in der Nacht**
(Tr 648)

So lasst uns Gottes heilende Zusage hören an das Volk Israel in einer ganz konkreten Stunde der Bedrohung:

**Lesung: Jes 43,1–7**
Die Heimkehr Israels

**Ansprache**
Gedenke, Mensch, dass du Staub bist und zum Staube zurückkehrst. Liebe Schülerinnen und Schüler, dieses Wort werden wir euch gleich sagen und dabei mit der Asche ein Kreuz auf eure Stirn

zeichnen. Immer wieder drücken wir in unserer Kirche unseren Glauben in Zeichen aus. Das Zeichen, das in all unseren Gottesdiensten zu sehen ist, das Zeichen, das im Mittelpunkt steht, wenn wir unseren Glauben feiern ist ... das Licht. Jesus ist das Licht, zu Weihnachten zu uns in unsere Welt gekommen, und er ist das Licht, das wir bald wieder – in 40 Tagen – zu Ostern feiern werden.

Und heute das Zeichen der Asche ...

Vermutlich hat jeder von uns schon einmal gespürt, was es heißt, enttäuscht zu werden, total traurig zu sein, sich leer zu fühlen, sich wertlos zu fühlen, sich vielleicht sogar wie der letzte Dreck zu fühlen. Die Erfahrung des Vergehens von schönen Momenten, die ich nicht festhalten kann, des Abschiednehmens von lieben Menschen, das kennen wir auch. Spätestens in diesen Ascheerfahrungen fange ich an zu fragen, was mich eigentlich trägt, was mir neue Lebensenergie gibt. Woraus schöpfe ich eigentlich meine Hoffnung?

In unserer Alltagssprache haben wir viele gut gemeinte Sätze parat: »Das wird schon wieder, Kopf hoch.« Aber in den Ascheerfahrungen unseres Lebens spüren wir schnell die Kraft- und Hilflosigkeit dieser Sprüche.

Ich möchte euch bitten, darüber nachzudenken: Was würde ich mitnehmen, wenn ich für die nächsten 40 Tage in eine fremde Gegend ziehen müsste? Für mein körperliches Wohlbefinden ist gesorgt. Was ist aber die eiserne Ration, die für mich lebensnotwendig ist? Worauf kann ich verzichten?

Geht einmal eurer persönlichen inneren Sehnsucht nach. Welche drei Dinge oder Menschen sind für mich wertvoll und lebensnotwendig?

*Meditative Musik wird eingespielt. Nach der Besinnungszeit können (freiwillig!) Antworten der Schüler/innen gesammelt werden.*

In den nächsten 40 Tagen vor Ostern sind wir eingeladen, mit diesem Spiel des Lebens ernst zu machen. Wir sind eingeladen, die tiefen Quellen unserer Freude und unserer Sehnsucht freizuschaufeln.

Wenn wir so unsere Augen und Herzen für das Wesentliche öffnen, wenn wir uns in unserer tieferen Bedürftigkeit annehmen, dann wird das Kreuz aus Asche, das wir gleich auf unsere Stirn gezeichnet bekommen, ein Zeichen dafür, dass Gott uns gerade da, wo wir Ascheerfahrungen machen, wo wir uns nach Leben sehnen, nicht allein lässt. Das Kreuz, der Tod und die Traurigkeit, die Ascheerfahrungen in unserem Leben und im Leben so vieler Menschen haben nicht mehr das letzte Wort.

**Lied: Halte deine Träume fest**
(siehe Seite 35)

**Fürbitten**
Lasst uns Gott für die nächsten 40 Tage um seine Hilfe bitten, dass wir die Quellen unserer Lebensfreude freilegen.

Schüler/in 1: Gott, lass mich in den folgenden Tagen aufmerksamer hinsehen. Lass mich weniger fernsehen und mehr nahsehen, wieder das Zulächeln meines Freundes sehen, wieder im Angeschautwerden durch einen lieben Menschen und anderen einfachen Zeichen entdecken, dass deine Liebe mich begleitet mitten im grauen Alltag.

Schüler/in 2: Gott, lass mich in den kommenden Tagen aufmerksamer hinhören, dass ich verstehe, was andere mir sagen wollen, dass ich lerne, auf die leisen Töne zu lauschen, dass ich dein Wort verstehe.

Schüler/in 3: Gott, lass mich wieder entdecken, was Hunger und Durst ist. Hilf mir, mit Sorgfalt und Dankbarkeit wieder die Gaben der Natur zu achten.

Schüler/in 4: Gott, hilf mir, nicht dauernd herumzurennen. Schenke mir den Mut, Pausen einzulegen, Zeit zu haben für mich und andere, schenke mir die Kraft, die richtigen Wege zu gehen.

**Vaterunser**

## Segensgebet

Guter Gott, wir sehnen uns nach Freude, die uns ganz erfüllt.
Schenke uns auf dem Weg durch die Fastenzeit
offene Augen und Ohren und ein offenes Herz.
Segne die Asche zum Zeichen der inneren Kraft
und Freude über das neue Leben, das du uns schenkst,
gerade wenn wir schwach und traurig sind. Amen.

*Alle sind nun eingeladen, das Aschenkreuz zu empfangen. Es ist zugleich der Segen, mit dem wir hineingehen in die Fastenzeit.*

## Lied: So ist Versöhnung

2. Wie ein Regen in der Wüste,
frischer Tau auf dürrem Land,
Heimatklänge für Vermisste,
alte Feinde Hand in Hand.
Wie ein Schlüssel im Gefängnis,
wie in Seenot »Land in Sicht«,
wie ein Weg aus der Bedrängnis,
wie ein strahlendes Gesicht.

3. Wie ein Wort von toten Lippen,
wie ein Blick, der Hoffnung weckt,
wie ein Licht auf steilen Klippen,
wie ein Erdteil, neu entdeckt.
Wie der Frühling, wie der Morgen,
wie ein Lied, wie ein Gedicht,
wie das Leben, wie die Liebe,
wie Gott selbst, das wahre Licht.

T: Jürgen Werth M: Johannes Nitsch

# 17. Ich habe keine anderen Hände als eure Hände

Meditationsgottesdienst in der Fastenzeit für die Sekundarstufen

**Hinführung**

In der Spannung zwischen geschlossenen und geöffneten Händen vollzieht sich in symbolischer und unmittelbar nachvollziehbarer Weise die Erfahrung von Misstrauen und Vertrauen, von Hass und Liebe, von Verstocktsein und Liebesfähigkeit. Christologisch gesprochen ist das Geheimnis des Lebens und der Liebe Jesu im Letzten konkret geworden durch das Ausbreiten der geöffneten Hände am Kreuz. Wo wir wie Jesus die Hände öffnen im Dienst am anderen, da treten wir ein in die Nachfolge Jesu. Ein Nachdenken über unseren Einsatz der Hände gerade angesichts des Leids, das viele Menschen, wie Jesus, durch gewalttätige Hände erfahren, ist die Ausrichtung dieses Gottesdienstes.

**Vorbereitung/Material**

- Pantomime und Zwischenrufe
- CD-Player, Meditationsmusik (z. B. Kyrie von der CD Bless the Lord, Gesänge aus Taizé, Christophorus)

## Begrüßung, Kreuzzeichen

In den letzten Tagen des Zweiten Weltkriegs wurde in einem kleinen Ort an der Mosel die Kirche zerstört. Vom Hauptaltar blieb nur Schutt und Asche übrig. Bei den Aufräumarbeiten wurde von dem Kreuz des Altars nur noch der hölzerne Corpus gefunden. Heute hängt dieser Corpus, so wie er damals gefunden worden ist, zerschlagen und entstellt, ohne Arme, ohne Hände in einer Kapelle in der Nähe von Bullay. Anstelle der Arme hat ein Künstler auf dem horizontal ausgerichteten Querbalken des Kreuzes die Schrift angebracht: »Ich habe keine anderen Hände als eure Hände.«
»Ich habe keine anderen Hände als eure Hände«, das ist das Leitwort unseres heutigen Gottesdienstes. Wir betrachten das Kreuz und wir bedenken auch das Handlungswort »kreuzigen«. Wir nehmen uns selbst mit unseren eigenen Kreuzen mit hinein in diesen Gottesdienst, mit auf diesen Kreuzweg.

So lasst uns diesen Gottesdienst beginnen im Zeichen dieses Anstoßes, im Zeichen des Kreuzes: im Namen des Vaters und des Sohnes und des Heiligen Geistes. Amen.

**Lied: Kennst du das alte Lied**
(Tr 170)

**Ansprache und Meditation**
Gerade haben wir gesungen: »Ach, wer nimmt sie an der Hand?« Ein Urbedürfnis des Menschen nach Annahme, nach Vertrauen, nach Beziehung wird mit der Hand verbunden. Unglaublich viele Redewendungen beziehen sich auf die Hand. Das ist nicht verwunderlich, denn mit den Händen setzen wir in der Regel unseren Willen in die Tat um. Mit den Händen bauen, zerstören, umarmen und schlagen wir. Es gibt viele Redewendungen, die sich auf die Hände beziehen.

*Die folgenden Redewendungen können als (vorbereitete) Zwischenrufe aus dem Gottesdienstraum kommen.*

Von seiner Hände Arbeit leben.
Die Beine in die Hand nehmen.
Jemandem klebt Blut an seinen Händen.
Die Hand am Drücker haben.
Die Fäden in der Hand haben.
Das Heft fest in der Hand halten.
Einen Trumpf in der Hand halten.
Da hat jemand seine Hände im Spiel.

Da gibt es Hände, die verurteilen.
Durch das Handeln von Menschen wurde Jesus verurteilt, wie auch heute Menschen durch Hände, auch durch unsere Hände verurteilt werden.

*Die folgenden Aussagen können durch Pantomime verstärkt werden.*

Einer fällt in die Hände des anderen.
Einer kann sein Leben nicht mehr selbst in die Hand nehmen.
Der, auf den der Finger zeigt, ist bloßgestellt.

Kennen wir dieses Handeln auch bei uns? Wie oft sagen wir:
Nein, nicht ich, der ist es gewesen, der oder die ist schuld!

Und kennen wir es auch, verurteilt zu werden?
Das Gefühl von Angst, Ohnmacht,
Traurigkeit, Wut und Hilflosigkeit?
Wo geurteilt wird, gibt es oft auch den »Pilatustyp«:
Ich wasche meine Hände in Unschuld,
wenn andere leiden,
wenn andere Angst haben,
wenn andere am Ende sind.
Ich kann mich doch nicht um alles kümmern.

Aus klugen Erwägungen weigern wir uns zu sehen und zu handeln, obwohl die Not unserer Mitmenschen oftmals mit Händen zu greifen ist. Sich einmischen, mir die Hände für den anderen schmutzig machen, ihm meine Kraft, meine geöffneten Hände anbieten, das ist unbequem, das könnte ja dazu führen, dass diese Hände mich mit in die Not des anderen hineinziehen. So sind reine Hände oftmals auch Hände, die sich heraushalten aus den Handgreiflichkeiten, aus der Not des Lebens.

*Meditationsmusik wird eingespielt.*

Da gibt es Hände, die zugreifen.
Wer seine Hand zudrückt, verschließt damit zugleich auch die Chance, einen anderen Menschen oder etwas Gegenständliches zu ertasten, zu erspüren. Wer seine Hand zudrückt, verhärtet seine Hand zur Faust, verhärtet oftmals sich selbst. Das Zudrücken der Hand ist oftmals der Anfang körperlicher Gewalt. Menschen fügen einander mit Händen, mit Fäusten Verletzungen zu. Mit bloßen Händen und mit Händen, die Waffen tragen, werden Menschen misshandelt, gefoltert und gequält. Das Zugreifen auf einen Menschen lässt buchstäblich das Einfühlen in den anderen nicht zu. Ein egoistisches Sich-Bemächtigen des anderen macht ihn zum Objekt der Gewalt, zum Objekt einer selbstbezogenen Lust. Wer mit Gier den anderen anfasst und angreift, der verletzt nicht nur den Körper, sondern auch die Seele des anderen. So beginnt die Entwürdigung des anderen oftmals mit den Händen.

**Lied: In Ängsten die einen**
(Tr 291)

Da gibt es Hände, die tragen.
Sicher habt ihr schon erfahren, wie gut es ist, wenn Hände da sind, die mittragen. Wenn uns jemand zur Hand geht, wenn uns jemand die Hand reicht bei der Arbeit, wenn eine Hand da ist, die uns stützt, wenn unsere Kraft geschwächt ist, wenn wir in Not sind. Wie gut tut es, wenn jemand die Hand reicht in Situationen der Angst, der Dunkelheit, der Einsamkeit.
Auch Jesus hat auf seinem Weg mit dem Kreuz einen Menschen erlebt, der ihm mit der Kraft seiner Hände half, das Kreuz zu tragen: Simon von Cyrene.
Wo haben wir in letzter Zeit einem Menschen die Hand gereicht? Wann haben wir zuletzt einem Menschen mit unseren Händen beigestanden und geholfen?

**Lied: Wer bringt dem Menschen**
(Tr 144)

**Text: Ecce Homo**
Weniger als die Hoffnung auf ihn
das ist der Mensch
einarmig
immer

Nur der gekreuzigte
beide Arme
weit offen
der Hier-Bin-Ich

*Hilde Domin*

**Fürbitten**

Diese Hoffnung auf die weit geöffneten Hände ist im christlichen Sinne die Hoffnung auf den, der uns zusagt: »Ich bin da.« Diese Hoffnung, die so oft enttäuscht wird durch das Fehlen der zugewandten offenen Hände in unserer Welt, dies ist die Hoffnung von Ostern. Auf Ostern hinleben in dem Vertrauen, dass die verkrampften, verschlossenen, habgierigen und zur Faust geballten Hände nicht das Letzte sein werden, das kann uns ermutigen, selbst Hand anzulegen bei der Verwirklichung dieser Vision von den geöffneten Händen. Darum lasst uns beten:

Unsere Hoffnung muss Hände bekommen, heilende Hände, die Tränen trocknen und sich nicht abfinden mit der Unerlöstheit der Welt.
*Fürbittruf: Die mit Tränen säen (DZf 47)*

Unsere Hoffnung muss Füße bekommen, die sich wund laufen für das Heil der Welt. Füße, denen keine Wege zu weit und zu schwer sind, Füße, die den Weg Jesu Christi zu den Menschen weitergehen, die Gott hier auf Erden in Gang bringen.
*Fürbittruf*

Unsere Hoffnung muss Fantasie bekommen, Fantasie, die diese Welt neu entwerfen kann, die das ausmalen, das ausdeuten, ausbreiten kann, von dem wir jetzt nur träumen können: den neuen Himmel und die neue Erde.
*Fürbittruf*

Unsere Hoffnung muss Worte bekommen, Worte, die Menschen verstehen, ein rechtes Wort zur rechten Zeit. Worte, die Trauer mittragen, Worte, die trösten, Worte, die ermutigen und Einfallstüren für neue Hoffnung sind.
*Fürbittruf*

Mit offenen und dann einander gereichten Händen lasst uns diese Osterhoffnung von der neuen Welt der einen Menschheitsfamilie in dem Gebet zur Sprache bringen, das uns miteinander verbindet und uns für andere öffnet.

**Vaterunser**

**Segensgebet**

Keinen Tag soll es geben, da du sagen musst:
Niemand ist da, der mir die Hand reicht.
Keinen Tag soll es geben, da du sagen musst:
Niemand ist da, dem ich die Hand gereicht habe.
Das schenke uns
der Gott, der uns und unsere Welt geschaffen hat
und in seinen Händen hält,
der Gott, der uns seine offenen Arme und Hände
als Zeichen seiner Liebe entgegenhält,
der Gott, der uns begleitet, wo wir mit unseren Händen
einander tragen und begleiten,
der Vater, der Sohn und der Heilige Geist. Amen.

**Lied: Manchmal feiern wir**

(Tr 31)

# 18. Der gute Gärtner oder die Pädagogik Gottes

Gottesdienst für die Mittelstufe

### Hinführung

Gerade Jugendliche reagieren in der Regel empfindlich und mit vitaler Ablehnung, wenn ihnen kein Raum zur Entfaltung geboten wird. Jugendliche brauchen Lebens-, Experimentier- bzw. Spielräume, in denen sie ihre je eigene Art in Absetzung von der Welt der Erwachsenen entdecken und entfalten können. Ausprobieren von Neuem ist in dieser Lebensphase stets auch verbunden mit dem Überschreiten von Grenzen und dem Provozieren von Auseinandersetzung mit den jeweiligen moralischen Autoritäten. Klare und gleichförmige pädagogische Konzepte versagen hier in aller Regel. Dennoch ist eine Grundhaltung im Umgang mit dieser Altersgruppe als Basis aller weiteren Interaktionen zu verstehen: Inwieweit wird Jugendlichen ein – nicht nur im rhetorischen Sinne – freiheitlicher Raum zur Entfaltung zugestanden?

»Frei«, damit ist mehr gemeint als ein passives »Sich-selbst-überlassen-Werden«. Im Bild des guten Gärtners geht es im folgenden Gottesdienst um eine pädagogische Haltung, die geprägt ist von dem leidenschaftlichen Interesse, dass der andere, der Jugendliche seinen eigenen Weg findet, und dem Wissen, dass ein unbändiger Hunger nach Leben und Selbstwerdung sich nicht widerspruchslos mit den vorgegebenen Grenzen arrangieren kann. Dies ist nicht nur die große, oft überfordernde Aufgabe von Eltern und Lehrern. Dies ist auch die immer wieder auftretende Spannung zwischen Gott und seinem Volk in der jüdisch-christlichen Tradition. Ein Gott, der den Menschen nicht zwingt, sondern lockt ihm treu zu bleiben. Ein Gott, der den Menschen immer neu vergibt und ihnen in mitleidender und gütiger Weise immer wieder einen neuen Anfang schenkt. Ein Gott, der wie ein guter Gärtner dem anvertrauten Baum Raum zur eigenen Entfaltung lässt.

### Vorbereitung/Material

- Blätter und Stifte liegen für die Schüler/innen aus
- ein gebastelter Baum
- CD-Player, meditative Musik.

## Begrüßung, Kreuzzeichen

## Gebet

Wie alle Pflanzen sich ausrichten nach der Sonne, ihrer Lebensquelle, so wenden auch wir uns an diesem Morgen an Gott, unsere geheimnisvolle Lebensquelle: Wir wenden uns an Gott, unseren

Schöpfer und Liebhaber des Lebens, und beten zu ihm:
Gott, mit allem was uns heute Morgen bewegt,
dürfen wir zu dir kommen.
Du gibst allem, was lebt, Licht und Raum.
So können auch wir uns entfalten.
So kann jeder Tag für uns eine neue Einladung sein,
zu wachsen und zu reifen, Freude am Leben zu haben
und diese Freude weiterzugeben. Wir danken dir. Amen.

**Lied: Wachsen wie ein Baum**
(DZf 66)

**Text: Der unglückliche Baum**
Eines Tages, wer weiß, woher es kam, fiel ein Samenkorn auf eine Wiese. Es bettete sich in die dunkle Erde und begann zu schlafen. Die Sonne wärmte den Boden auf. Das Samenkorn dehnte und streckte sich nach allen Seiten. Dann brach es auf und dehnte sich so lange, bis ein kleiner grüner Spross der Sonne entgegensah. Der Baum war geboren. Er genoss es, klein wie er noch war, zu wachsen.
Da geschah es eines Tages. Bagger kamen und gruben ein großes Loch in der Nähe des kleinen Baumes. Ein Haus wurde gebaut, und Menschen zogen darin ein. Ein Mann, eine Frau und ein Kind. »Dieser Baum hier stört«, sagte eines Tages der Mann. »Er muss weg!« »Bitte mach ihn nicht kaputt«, sagte das Kind, »er ist noch so klein!« Also nahm der Mann einen Spaten, grub den kleinen Baum aus und pflanzte ihn an eine andere Stelle der Wiese, die jetzt der Garten der Hausbewohner war.
Lange war der Baum traurig: Der Spaten hatte seine Wurzeln beschädigt, und an die neue Erde musste er sich auch erst gewöhnen. Er wurde krank und verlor seine Blätter. Doch das Kind kam und pflegte ihn. Da fasste er wieder mit seinen Wurzeln Fuß. Er freute sich des Lebens und wuchs immer mehr der Sonne entgegen. Er wurde groß und kräftig.
Eines Tages sagte die Frau: »Seht euch das an, der Baum wächst so hoch hinaus, dass er uns das Licht auf der Terrasse nimmt. Wir müssen ihn beschneiden.« Also nahm der Mann eine Schere und

schnitt dem Baum die schönsten und frischsten Äste ab, die sich dem Himmel entgegenstreckten. Jetzt wuchs der Baum in die Breite, denn er musste wachsen, damit er leben konnte. Das störte die Leute auch, und wieder schnitten sie ihm die schönsten Äste ab. Da weinte der Baum lange und hörte auf zu wachsen. Die Menschen hatten ihm seinen Lebensmut genommen.
Das Kind – es war mittlerweile erwachsen geworden – kam noch einmal zum Baum. »Du«, sagte es zum Baum, »wie kommt es, dass wir so traurig sind?« Der Baum seufzte tief und schwieg.

*Elsbeth Bihler*



### Lied und Tanz: Eine Hand voll Erde

2. Auf der Erde kannst du stehen – stehen, weil der Grund dich hält,
und so bietet dir die Erde einen Standpunkt in der Welt.
In die Erde kannst du pflanzen – pflanzen einen Hoffnungsbaum,
und er schenkt dir viele Jahre einen bunten Blütentraum.

3. Auf der Erde darfst du leben – leben ganz und jetzt und hier,
und du kannst das Leben lieben, denn der Schöpfer schenkt es dir.
Unsre Erde zu bewahren – zu bewahren das, was lebt,
hat Gott dir und mir geboten, weil er seine Erde liebt.

T: Reinhard Bäcker M: Detlev Jöcker
Aus: Heut ist ein Tag, an dem ich singen kann


**Tanzanleitung**
*Alle stehen im Kreis.*

*Refrain:*
Takt 1–2: Alle hocken sich hin, formen die Hände am Boden zu einer Schale.
Takt 3–4: Alle stehen langsam auf und strecken die zur Schale geformten Hände nach vorne.
Takt 5–8: Die Hände werden ganz nach oben geführt und seitwärts geöffnet.

Bei der Wiederholung des Refrains drehen sich alle bei Takt 7–8 wieder zur Mitte.

*Strophe 1:*
Takt 1–3: Alle hocken und spielen pantomimisch mit Erde.
Takt 4: Bei »Wind« stehen alle auf und führen schnell die Arme nach oben.

Takt 5–8: Alle fassen die nach oben gehaltenen Hände und wiegen hin und her.

Takt 9–12: Die Arme werden nach unten geführt und alle stellen sich eng nebeneinander.

Takt 13–14: Alle gehen vier Schritte nach hinten.

Takt 15–16: Alle drehen sich mit vier langsamen Schritten nach außen.

*Strophe 2:*

Takt 1–8: Alle fassen sich an den Händen und stehen in leichter Grätschstellung fest auf dem Boden.

Takt 9–16: Alle führen die Hände nach oben und wiegen wie ein Baum hin und her; in den letzten zwei Takten wieder langsame Drehung nach außen.

*Strophe 3:*

Takt 1–4: Alle fassen sich an den Händen und gehen sechzehn Schritte rechts herum im Kreis, rechts beginnt.

Takt 5–8: Alle gehen wie oben, nur links herum.

Takt 8–12: Alle strecken die Arme vor, schräg nach oben, die Handflächen zeigen zur Mitte.

Takt 13–16: Drehung nach außen und wieder in die Hocke zum Refrain.

Tanzanleitung aus: Elsbeth Bihler, Symbole des Lebens – Symbole des Glaubens III, Lahn-Verlag, Limburg, 2. Auflage 1996

## Evangelium: Mt 5,13–16

Vom Salz der Erde und vom Licht der Welt

## Ansprache

Das Märchen macht nachdenklich. Wir fühlen mit diesem Baum, der das Selbstverständlichste von der Welt möchte: frei sein, wachsen, Freude haben und Freude weitergeben. Er wird aber gezogen nach der Devise: Fall bloß nicht auf, bloß nicht im Wege sein, bloß nicht stören und bloß nicht anders sein als die anderen. Alle Versuche, sein eigenes Leben zu finden, werden von dem Ehepaar strikt verboten und brutal zunichte gemacht. Ihre Vorlieben, ihre Zwecke, ihre Sorgen um ihre freie Sicht, um ihren guten Ruf, um

ihr Ungestörtsein sind ihnen wichtiger als das Lebensrecht des Baumes. So gibt der Baum irgendwann auf. Er wird buchstäblich seines Lebens müde. Er durfte seine eigene Art nicht entfalten.
Diese Geschichte wäre ohne jeden Lichtblick, hoffnungslos und traurig, wenn da nicht noch das Kind wäre: Das Kind ist vielleicht so jung wie ihr. Es fühlt mit diesem kleinen, noch so schwachen und verletzlichen Bäumchen. Das Kind, selbst noch klein, zeigt Mitgefühl und Mitleid. Das Kind weiß selbst, wie es ist, auf die mächtigen Großen angewiesen, ja ihnen oft wehrlos ausgeliefert zu sein. Was die Großen sagen, das muss meistens ohne Murren getan werden. Das Kind in der Geschichte hat, wie ihr auch, einfach nur den Wunsch zu leben, zu wachsen. Und dieses Wachsen und Entfalten des eigenen Lebens ist doch etwas wahnsinnig Spannendes. Wer werde ich einmal sein? Was steckt alles in mir?
Die Geschichte zeigt uns, wie sehr das Kind und der junge Baum miteinander verwandt sind: Beide möchten leben, stecken voller Lebensmut, bis ... ja, bis der Baum und auch das erwachsen gewordene Kind die Lebenslust verloren haben. Wie kommt es, dass wir so traurig sind?, fragen Menschen, die oft äußerlich reich sind, ein bequemes Leben führen, die vor lauter fertigem Wissen und Können ihre Sehnsucht nach Leben, ihre tiefen Gefühle der Freude und des Mitleidens verloren haben. Wo unserem Leben kein Raum zum Wachsen, zur Veränderung, zur steten Erneuerung gegeben wird, stirbt das Leben und die Hoffnung.
Das Evangelium erzählt uns von einem Gärtner, der anders ist, der Freude daran hat, dass wir wachsen und uns entfalten. Wie Licht und Salz dürfen wir in der Welt sein. Licht und Salz haben zweierlei gemeinsam: Sie geben unserem Leben Geschmack, Freude und Lebendigkeit. Und Licht und Salz lassen sich in ihrer Wirkung nicht streng begrenzen auf einen kleinen Raum, sondern sie neigen dazu, sich auszudehnen und ihre Umwelt unverdrossen zu verändern. Weil Gott Freude am Leben und an der Liebe hat, ist er wie ein Gärtner, dessen leidenschaftlicher Einsatz ganz unserer Entfaltung und unserem Wachsen gewidmet ist. Jeder von uns kann ein eigener lebensfroher Mensch werden, der sich wie Licht oder Salz ausdehnt und andere mit hineinnimmt in die Bewegung zum Leben und Wachsen.

**Lied: Kleines Senfkorn Hoffnung**
(Tr 104)

**Besinnung**
Wohin treibt mich die Sehnsucht? In welche Richtung, in welcher Weise strebe ich an, mein Leben zu verändern? Welche Wünsche habe ich für meine Familie, meine Schule, meine Freizeit?

*Zu einer meditativen Musik gehen nun alle in Stille diesen Frageimpulsen nach und schreiben ihre Wünsche und Hoffnungen auf die ausgelegten Blätter. Anschließend werden diese nach vorne getragen und an dem gebastelten Baum aufgehängt. Einige Wünsche und Hoffnungen der Schüler/innen werden stellvertretend vorgelesen.*

**Lied: Spürs in deinem Fuß**
(DZf 24)

**Vaterunser**

**Lied zum Friedensgruß: Friedensnetz**
(Tr 52)

**Segensgebet**
So segne uns der Gott, der uns wie ein guter Gärtner
liebt und unser Wachsen und Entfalten fördert,
der Gott, der uns zutraut, Salz und Licht zu sein,
die dem Leben Würze und Freude verleihen,
der Gott, der uns in den mitfühlenden und verwundbaren Menschen
eher begegnet als in den Verhärteten und Abgestumpften:
der Vater, der Sohn und der Heilige Geist. Amen.

**Lied: Alle Knospen springen auf**
(Tr 111)

# 19. Der Weg nach Emmaus mitten in unserem Leben

Gottesdienst für die Unterstufe

### Hinführung

Kinder und Jugendliche erleben oft in drastischer Weise, dass nach den Osterferien der allgemeine Druck in der Schule zunimmt und damit der Alltag in all seinen Schattierungen oftmals übergangslos wieder eintritt. Ob Ostern stattgefunden hat oder nicht scheint irrelevant für die Wirklichkeit schulischer Arbeit. Dieser Gottesdienst versucht auf dem Hintergrund der bekannten Emmausgeschichte zu vermitteln, dass die Ostererfahrung immer eingebunden ist in unterschiedliche Wegerfahrungen des Lebens.

### Vorbereitung/Material

- je ein schwarzes, rotes und gelbes Tuch (ca. 80 x 80 cm)

## Begrüßung, Kreuzzeichen

## Gebet

Guter Gott, jeden Morgen beginnen wir neu den Tag,
jeden Morgen geht neu die Sonne auf.
Das Licht in diesen Frühlingstagen lässt schon viele Knospen
an Blumen und auf den Bäumen erblühen,
und auch wir spüren neuen Tatendrang,
draußen zu sein, mit unseren Freundinnen und Freunden zu spielen.
Als Kinder dieser Welt haben wir vieles gemeinsam:
Wir wollen lachen und uns freuen können,
wir brauchen ein Zuhause und liebe Menschen, die für uns da sind,
wir möchten Plätze, Wiesen und Räume,
wo wir ungestört miteinander spielen können.
Gott, wir glauben, dass du die Kraftquelle für alles bist, was lebt.
Wie die Blüten sich der Sonne öffnen, so wollen auch wir
heute Morgen unser Herz dir öffnen. Amen.

## Lied: Herr, deine Liebe

(Tr 1)

**Kyrie**

Schüler/in 1: Wir haben gerade Ostern gefeiert. Überall in den Kirchen haben wir Jubellieder gesungen. Halleluja, freut euch, der Tod, das Leid hat keine Macht mehr über uns. Jesus ist bei uns – heute so wie damals bei seinen Jüngern.

Schüler/in 2: Und trotzdem sehen und hören wir viel Leid in unserer Welt. Am schlimmsten sind die Bilder und Nachrichten aus den Ländern, wo Krieg ist. Menschen sterben, Frauen, Männer und Kinder werden aus ihrer Heimat vertrieben. Kinder, die nicht genug zu essen haben, die krank werden, erschöpft sind.

*Kyrieruf: In Ängsten die einen (Tr 291)*

Schüler/in 3: Auch bei uns im Alltag erleben wir, wie die Freude des Lebens und die Freude von Ostern manchmal schnell verschwindet und verfliegt. Oft weiß ich genau, wie ich meinen Eltern, Geschwistern oder Freunden eine Freude machen kann, aber dann bin ich wieder zu faul, zu unachtsam für sie.

*Kyrieruf*

Schüler/in 4: Ich weiß wie meine Mitschüler sich fühlen, wenn über sie gelacht wird, aber trotzdem mache ich oft nichts dagegen oder mache einfach mit.

*Kyrieruf*

Schüler/in 5: Manchmal erlebe ich, dass ich so vieles habe: viel Zeit, viele schöne Dinge zum Spielen und anderes, aber es fällt mir schwer, etwas abzugeben.

*Kyrieruf*

Leiter/in: Jesus lädt ein, nicht kleinlich, nicht ängstlich zu sein, nicht nur an unseren Vorteil zu denken. Diese Sorge, zu kurz zu kommen, ist die typische Sorge dieser Welt. Wenn wir auf Gott vertrauen, der uns das Leben, die Freude schenken will, dann werden wir frei und können Halleluja singen.

**Lied: Gehet nicht auf in den Sorgen dieser Welt**
(Tr 137)

**Evangelium: Lk 24,13–35**
*Das Emmaus-Evangelium frei erzählen und mit farbigen Tüchern symbolisch einen Weg zum Altar gestalten.*

Die Freunde Jesu sind unterwegs. Sie sind niedergeschlagen, traurig und voller Fragen. Wie geht es nun weiter für uns? Die Freude, die wir bis vor wenigen Tagen noch erlebt haben, als wir mit Jesus zusammen waren, ist dahin. Er ist nicht mehr bei uns. Haben wir vielleicht versagt? Waren wir uns unserer Sache zu sicher? Wie können Menschen so grausam und ungerecht sein? Er war unsere Hoffnung und er hat uns einen großen inneren Frieden geschenkt. Nun aber ist er von uns genommen. Wie sollen wir nun wieder froh werden? Wie finden wir unseren Lebensmut wieder?

*Ein schwarzes Tuch wird ausgelegt.*

Einer schließt sich ihnen an und begleitet sie. Er hört zu. Er will die Traurigkeit der Jünger verstehen. Er hat ein freundliches, gütiges Wesen. Es tut den Jüngern gut, mit diesem Fremden ihre Not zu teilen. Indem sie dem Fremden die ganze Geschichte erzählen, die sie mit Jesus erlebt haben, wird ihnen leichter ums Herz. Sie fühlen sich nicht mehr so allein. Darum bitten die Jünger den Fremden, als es Abend wird, er möge doch bei ihnen bleiben und sie auch gerade in der Dunkelheit der Nacht nicht allein lassen.
Dieser Fremde ist wie eine Hand, die sie fürsorglich begleitet.

*Ein rotes Tuch wird an das schwarze Tuch in Richtung des Altars angelegt.*

Als sie dann abends zu Tisch sitzen, nimmt der Fremde das Brot und teilt es mit den Jüngern. Er lobt und dankt Gott für das Brot, für die Gemeinschaft miteinander, und gibt den Jüngern zu essen. Da gehen den Jüngern die Augen auf. Sie erkennen in dem Fremden, in dem zufälligen Wegbegleiter Jesus wieder. Plötzlich wird ihnen klar, dass sie schon unterwegs ein Vertrauen und eine Güte spürten, die sie immer empfunden haben, wenn sie zusammen mit

Jesus waren. Ja, sagen sie zueinander, wir hätten ihn schon eher erkennen können; denn es ist ganz seine Art, den Weg, die Sorgen und das Brot mit den Menschen zu teilen.

*An das rote Tuch wird ein gelbes Tuch direkt vor den Altar gelegt.*

Wenn er auch schon bald nicht mehr zu sehen war, wussten sie nun, dass Jesus lebt, dass er sie begleitet und ihnen Kraft gibt auf ihrem Weg durch das Leben. Jesus war für diese Menschen Licht in der Dunkelheit. Neuer Lebensmut konnte bei den Jüngern wieder wachsen. In ihrer Mitte, in ihrem Herzen war wieder eine Kraft, die sie stärkte, eine Lebenskraft, wie ein neuer Morgen, der alle Dunkelheit vertrieben hatte.
Lasst auch uns nun dieses Licht, dieses neue Leben besingen, das Jesus durch seine Auferstehung in unser Leben gebracht hat:

**Lied: Unser Leben sei ein Fest**
(Tr 373)

**Fürbittaktion**
Wir betrachten noch einmal den entstandenen Weg. Es ist unser Weg. Unser Weg des Lebens und des Glaubens. In einem Moment der Stille lasst uns nun aber besonders an die Menschen denken und für diejenigen bitten, die zur Zeit kein Licht sehen, die traurig sind, die ihr Leben so schwarz empfinden wie das erste Tuch auf unserem Weg.

*Stille*

Wir können selbst wie offene Hände sein, die Menschen aus ihrer Traurigkeit zum Licht führen. Wir können offene Hände haben für Menschen, die Dunkelheit, Traurigkeit, Gewalt, Not und Leid erleben. Für welche Menschen wollen wir nun beten, für welche Menschen können wir wie offene Hände sein?

*Fürbitten sammeln, z.B. für kranke Menschen, für traurige Menschen, für Kinder, die keine Eltern, kein Zuhause, keine Nahrung, keinen Platz zum Spielen haben, für Mitschüler, die Angst haben, die Schule nicht zu schaffen ...*

**Lied: Wenn das Brot, das wir teilen**
(Tr 140)

**Vaterunser**

**Friedensgebet**
Guter Gott, wir sehnen uns nach Frieden,
wenn wir die Bilder vom Krieg, von der Gewalt,
von der Not der Menschen sehen.
Wir wollen, dass der Friede, dass die Freude,
dass die Liebe stärker ist als der Tod,
stärker ist als die Gewalt.
Komm und weiche die harten Herzen derer auf,
die so großes Unheil über die Menschen bringen.
Komm und entzünde den Willen zur Umkehr, zur Versöhnung
bei allen, die hart und unbarmherzig geworden sind.
Wir brauchen deine Hilfe,
damit wir neue Wege der geschwisterlichen Liebe wiederfinden,
wo wir uns in Hass und Machtkämpfe verstrickt haben.
Wir wollen Frieden für alle Menschen, für uns,
wie für die vielen, die in schrecklichem Unfrieden leben müssen.

**Lied: Hewenu shalom alechem**
(Tr 54)

**Schlussgebet**
Gott, wir brauchen Menschen, die für uns da sind.
Wie damals bei deinen Freunden, so bist du auch heute bei uns,
überall da, wo wir unser Leben, unsere Freude
und die vielen notwendigen Dinge unseres Lebens miteinander teilen.
Es stifte uns heute zu neuen,
mutigen Schritten an und segne unser Tun
der Vater, der Sohn und der Heilige Geist. Amen.

**Lied: Pfadfinderlied**
(Tr 443)

# 20. Feuer und Flamme sein

Gottesdienst zu Pfingsten für die Sekundarstufe I

**Hinführung**

Dieser Gottesdienst ist in seinen Dialogen und Zeichen ganz ausgerichtet auf die klassischen Zeichen des Pfingstthemas: Feuer und Wind. Weil das Pfingstfest zunehmend weder mit einer Gottesdiensterfahrung noch mit einem Grundwissen zur Botschaft dieses kirchlichen Hochfestes verbunden ist, sind die vorliegenden Gestaltungselemente von spürbar katechetischem Charakter.

**Vorbereitung/Material**

- 10 blaue Tücher zur Veranschaulichung des Elements »Wind«, 10 Tücher in den Farben rot, orange und gelb für das »Feuer«
- Pantomime

## Lied: Alle Knospen springen auf

(Tr 111)

## Begrüßung, Kreuzzeichen

## Thematischer Einstieg

Schüler/in 1: Weißt du, was ich am Pfingstsonntag gehört habe? Wenn Menschen teilen und Wunden heilen, wenn Knospen beginnen zu blühen, da sei der Heilige Geist im Spiel.

Schüler/in 2: Ganz ehrlich, mit dem Heiligen Geist kann ich nichts anfangen. Jesus konnte man sehen. Von ihm wissen wir einiges. Er hat uns auch von Gott erzählt. Jesus hat gesagt: Wer mich sieht, wer mich miterlebt, der weiß auch etwas über Gott.

Schüler/in 1: Aber auch über den Heiligen Geist wissen wir etwas von Jesus.

Schüler/in 2: Das ist mir noch nie aufgefallen.

Schüler/in 1: Der Heilige Geist ist nach Jesus gekommen.

Schüler/in 2: Wie denn das? Das verstehe ich nicht.

Schüler/in 1: Solange Jesus unter den Menschen war, erlebten sie Gottes Freundschaft durch ihn. Den Menschen ist er doch vor allem aufgefallen durch die Begeisterung, die er für seine Sache hatte.

Schüler/in 2: Und im Wort »Begeisterung« steckt das Wort »Geist« ...

Schüler/in 1: Ich glaube, wir reden öfter über den Heiligen Geist, als wir es merken. Nämlich immer dann, wenn wir uns begeistern lassen, wenn wir andere begeistern, wenn wir einen Geistesblitz haben ...

Schüler/in 2: Oder wenn wir geistesabwesend sind ...

Schüler/in 1: Im Wort »Begeisterung« steckt Geist, Mut, Kraft und Leben. Die Jünger Jesu haben sich begeistern lassen und dadurch ihre Angst und Verzweiflung überwunden. Auch wir können die Freundschaft Gottes erleben, denn der Heilige Geist ist auch in uns. Gott verschenkt sich an die Menschen, das ist der Heilige Geist.

**Kyrie**

Guter Gott, du hast uns Fähigkeiten gegeben, damit wir in der Schule und in der Welt für den Frieden untereinander und die Gerechtigkeit arbeiten. Wir aber sind oft nicht bereit, die nötigen Schritte zu tun.
Herr, erbarme dich.

Herr Jesus Christus, du bist gekommen, um uns die Freundschaft Gottes zu den Menschen zu zeigen. Wir aber sind oft in der Gefahr, den Mut zu verlieren und zu verzagen.
Christus, erbarme dich.

Gott, Heiliger Geist, an Pfingsten hast du die Herzen deiner Freundinnen und Freunde erfüllt. Wir aber sind oft taub und stumm und wollen unsere eigenen Wege gehen.
Herr, erbarme dich.

Guter Gott, du willst, dass wir einander vertrauen und uns verstehen. Hilf uns, dass uns dein Geist zum Leben begeistert. Darum bitten wir durch Christus, unseren Bruder und Herrn. Amen.

**Lesung: Apg 2,1 – 13**
Das Pfingstereignis

**Tücherspiel zur Pfingstgeschichte**
*Die Schüler/innen mit den blauen Tüchern ziehen langsam durch die Kirche. Sie wedeln mit ihren Tüchern und ahmen durch Pusten, Flöten und Rauschen das Element Wind nach.*

Sprecher/in: Wind, das ist unsichtbare Kraft, das ist Energie, die bewegt, das ist Frische, die ich ganz belebend spüre auf meiner Haut. Wind kann zum gefährlichen Orkan werden. Wind bringt in Bewegung, Wind bringt Aufregung, wo Ruhe war. Wind bringt eine Veränderung der Landschaft, der alten Ordnung. Durch Wind entsteht ein neues Bild von dem Ort der Welt, in dem wir gerade leben.

*Die Schüler/innen mit den roten, orangen und gelben Tücher kommen nach vorne. Durch ein Wedeln mit den Tüchern von unten nach oben imitieren sie das Feuer.*

Sprecher/in: Feuer, das ist die Urkraft, faszinierend und anziehend, Feuer leuchtet und lässt alles in einem angenehmen Licht erscheinen. Die Hitze des Feuers kann Verhärtetes aufweichen, kann die Früchte der Natur für uns zubereiten und uns selbst in der größten Dunkelheit und Kälte einen Ort der Geborgenheit und Heimatlichkeit schenken. Feuer ist aber zugleich auch eine gefährliche und vernichtende Kraft. Was dieser Urkraft ungeschützt zum Opfer fällt, das ist verloren. Und zugleich sind das Brennen vor Neugierde, das Brennen vor Aufregung, das Brennen aus Liebe oder Sehnsucht buchstäblich Highlights, also die besonderen Lichter, die besonderen Feuer, ohne die unser Leben blass und farblos wäre. Wer könnte in seinem Leben auf diese Energien, diese Highlights verzichten?

Wenn ich mich so umschaue, kann ich auch hier in der Schule etwas von der Kraft des Heiligen Geistes sehen. Wie wirkt er, der Geist Gottes? Davon erzählt ein Lied ...

**Lied: Komm, Heiliger Geist**
(Gotteslob)

**Fürbitten**
*Die Strophen des Liedes werden nun in einfachen Gebärden von einer Pantomimegruppe dargestellt und dazwischen die Fürbitten gesprochen.*

*Komm, Heiliger Geist (Strophe 1)*
Komm, Heiliger Geist, zu den Menschen, die verzweifelt sind, die keinen Ausweg mehr sehen. Gott, schenke dich diesen Menschen.

*Komm, Heiliger Geist (Strophe 2)*
Manchmal sind wir erschöpft, ganz müde, ganz aufgedreht. Komm, Heiliger Geist, schenke uns Ruhe, damit wir zu uns und zu dir finden.

*Komm, Heiliger Geist (Strophe 3)*
Komm, Heiliger Geist, führe uns deinen Weg, den Weg zu den Menschen. Gott, verschenke dich an uns Menschen.

Herr Jesus Christus, in dieser Woche feiern wir das Pfingstfest. An Pfingsten hast du den Jüngern den Heiligen Geist gesandt. Wie ein Licht hat er sie angesteckt und begeistert. So haben sie allen Menschen von dir erzählt. Gib auch uns diesen Geist, durch den wir andere von dir begeistern können. Darum bitten wir durch Christus, unseren Herrn. Amen.

**Vaterunser mit Bewegungen**
(siehe Seite 129)

**Segensgebet**
Menschen werden neu durch den Geist Gottes.
Die Erde wird neu durch »begeisterte« Menschen.
Sie werden Fels:
Sie befestigen, wo etwas zusammenfällt,
geben Stärke, wo etwas schwach ist.
Sie werden Feuer:
Sie wärmen, wo es kalt ist,
bringen Licht dahin, wo es dunkel ist.
Sie werden Leben:
Sie handeln mit Güte, wo Gewalt ist
und geben den langen Atem der Hoffnung, wo Verzweiflung ist.
Dazu segne uns der barmherzige und gütige Gott,
der Vater, der Sohn und der Heilige Geist. Amen.

**Lied: Pfadfinderlied**
(Tr 443)

# 21. Gemeinschaft – eine Wirklichkeit mit vielen Seiten

Gottesdienst für die Unterstufe am Ende des gemeinsamen Schuljahrs

**Hinführung**

Der folgende Gottesdienst eignet sich gut, um am Ende eines Schuljahrs (z. B. nach dem ersten Jahr in einer Klasse der Unterstufe) auf die Erfahrung des Miteinander-Lebens und die vielfältigen Facetten der Gemeinschaft zurückzuschauen. Die leitende Idee dieses Gottesdienstes ist die Bedeutung, die jede und jeder Einzelne für das soziale Netz einer Klasse hat. Jede/r hat ihren/seinen eigenen Platz im Gefüge des Beziehungsnetzes, sonst ist das Zusammenhalten des Netzes gefährdet.

**Vorbereitung/Material**

- die einzelnen Buchstaben des Wortes »Gemeinschaft«, auf ein DIN-A3-Plakat aufgemalt
- eine Landkarte, eine Taschenlampe, Schreibzeug, ein Kuscheltier, ein Brot
- ein Fragezeichen, eine Uhr, ein Senfkorn, eine Sonne.

## Lied: Eingeladen zum Fest des Glaubens

(siehe Seite 43)

## Begrüßung, Kreuzzeichen

## Thematischer Einstieg

*Die Schüler/innen halten jeweils einen Buchstaben auf einem Plakat in der Hand und stellen sich in der Buchstabenfolge auf.*

Schüler/in 1: Wenn ich über das zurückliegende Schuljahr nachdenke, wundere ich mich, wie schnell die Zeit (an der neuen Schule) vergangen ist.

Schüler/in 2: Ein Schuljahr lang haben wir zusammen gelernt und gearbeitet, aber auch Streit und Enttäuschung erlebt.

Leiter/in: Etwas ist uns beim Zurückschauen auf das erste Schuljahr an unserer Schule ganz wichtig geworden. Könnt ihr erraten, was das ist?

Ein Spiel mit Buchstaben kann uns helfen, das zu verstehen. Die Buchstaben in der Reihenfolge ergeben keinen Sinn. Was heißt das? Wer ordnet die Buchstaben und stellt sie an die richtige Stelle? Ihr seht: Nur wenn jeder an der richtigen Stelle steht, ist dieses Wort zu erkennen.
Nur wenn jeder bereit ist, seinen Buchstaben zu zeigen, seinen Beitrag zu leisten, ist das Wort »Gemeinschaft« zu lesen. Wenn die letzten sechs Klassenkameraden das nicht mitmachen, wenn sie sich absondern oder wenn die Klasse sie ausschließt, dann zerfällt die Gemeinschaft, dann ist das GEMEIN.
Zu einer Gemeinschaft gehören viele. Man muss aufeinander Rücksicht nehmen. Wenn jeder nur denkt: »Ich will für mich sein«, dann schließt man andere aus, dann ist das nicht mehr Gemeinschaft. Dann sind da nicht mehr viele, dann bin da nur noch ich, das ist MEIN, meine Leistung, meine gute Position in der Klasse.
Einer kann nicht Gemeinschaft sein, einer kann sich selbst nicht helfen. Nur wenn jeder dabei ist, seine Fähigkeiten einbringt, wird die Klasse zu einer GEMEINSCHAFT, die viel Leben in sich hat.
Sicherlich ist uns das nicht immer gelungen. Wir haben andere ausgestoßen; wir haben uns aus der Gemeinschaft der Klasse zurückgezogen, weil wir keine Lust hatten. Wir waren nicht immer bereit, für die Gemeinschaft einen Dienst zu übernehmen. Dafür wollen wir Gott um Vergebung bitten.

**Kyrie**

*Die genannten Symbole werden von Schüler/innen zum Altar gebracht.*

Wir bringen ein Fragezeichen zum Altar und damit alle Sorgen und allen Kummer des zurückliegenden Schuljahrs.
Herr, erbarme dich.

Wir bringen eine Uhr zum Altar und damit alle Stunden des vergangenen Schuljahrs, unsere Ängste vor den Klassenarbeiten und dem Zeugnistag, unsere Enttäuschung bei schlechten Noten, unsere Streitigkeiten in der Klasse.
Christus, erbarme dich.

Wir bringen ein Senfkorn zum Altar und damit alle Dinge, die uns noch unscheinbar vorkommen, aus denen aber Großes entstehen kann: alle Freundschaften, die wir in diesem Schuljahr geschlossen haben und die Gemeinschaft in der Klasse, die seit dem Beginn des Schuljahrs gewachsen ist.
Herr, erbarme dich.

Wir bringen eine Sonne zum Altar und damit alle schönen Erlebnisse des letzten Schuljahrs: die Ausflüge mit der Klasse, alle guten Erfahrungen mit Klassenkameraden und Lehrern.
Christus, erbarme dich.

**Evangelium: Joh 15,1–10**
Die Bildrede vom Fruchtbringen

**Ansprache**
Liebe Schülerinnen und Schüler, hinter uns liegt ein Schuljahr. Viel mehr als Lehrstoff, Klassenarbeiten und Zeugnisnoten haben uns verbunden. Viel mehr als noch eine langweilige Stunde am Ende des Schuljahres kann dieser Gottesdienst für uns bedeuten. Wir haben in vielen kleinen und großen Erfahrungen, in frohen und traurigen Ereignissen, in sichtbaren und unsichtbaren Momenten unser Leben miteinander geteilt. Jeder hat seine eigenen Erfahrungen, seinen eigenen Blick auf die vergangenen Monate. Hinter all den sichtbaren Zeichen, den guten oder schlechten Noten, dem Ärger über manches, was nicht gelungen ist, dem Frust über Lehrer und Mitschüler, den Hoffnungs- und Freudenstunden, hinter allem, was uns verbindet, steht für uns Christen der Gott, der uns und unser Leben in all seinen Facetten trägt und begleitet. Diesem Gott des Lebens, diesem Gott unseres Weges wollen wir danken. Gottes Ja zu uns ist die geheimnisvolle Kraft, die unsere Herzen und Augen immer wieder füreinander öffnet. Wenn wir dieser Kraft vertrauen,

werden wir immer tiefer erfahren, dass wir bei aller Verschiedenheit, allem Chaos des Alltags, allem Streit und aller Angst durch den Geist der Liebe Gottes verbunden sind zu einer Gemeinschaft von Schwestern und Brüdern.

**Fürbitten**

Guter Gott, jetzt am Schuljahresende merken wir, wie schnell die Zeit vergeht. In einigen Tagen werden sich unsere Wege trennen. Viele von uns werden verreisen und haben sich schon Gedanken darüber gemacht, was sie auf die Fahrt in den Urlaub mitnehmen. Für unser Reisegepäck, also für alles, was uns in die Ferien begleitet, wollen wir Gott um seine Nähe und seinen Schutz bitten.

Schüler/in 1: Ich packe in mein Reisegepäck eine Landkarte. Sie zeigt mir die Wegkreuzungen und weist mir die Richtung zu meinem Ziel.
Ich bitte dich, Herr, für alle, die die Orientierung verloren haben und für alle, die nicht wissen, wie es nach dem Zeugnistag weitergehen soll. Lass sie Menschen finden, die ihnen weiterhelfen und schwierige Wege mit ihnen gehen.

Schüler/in 2: Ich packe in mein Reisegepäck eine Taschenlampe. Sie gibt mir die Sicherheit, dass ich auch in der Dunkelheit etwas sehen kann.
Ich bitte dich, Herr, für alle, die verzweifelt und einsam sind, für die Kranken und Armen. Schenke ihnen Menschen, die sie trösten und Licht in ihre Dunkelheit bringen.

Schüler/in 3: Ich packe in mein Reisegepäck Schreibzeug. Einige Freundinnen aus der Klasse will ich nicht vergessen. Ich will von meinem Urlaub aus an sie denken und ihnen einen Gruß schreiben. Ich danke dir, Herr, dass ich gute Freunde in der Klasse gefunden habe.
Ich bitte dich für unsere Schulgemeinde, dass wir uns gegenseitig unterstützen und unsere Gemeinschaft weiter wächst.

Schüler/in 4: Ich packe in mein Reisegepäck mein Lieblingskuscheltier. Es fährt immer mit in den Urlaub und sitzt zu Hause auf meinem Bett.
Ich bitte dich, Herr, für unsere Familien. Schenke ihnen Freude und lass sie die gemeinsamen Stunden in den Ferien genießen.

Schüler/in 5: Ich packe in mein Reisegepäck Brot. Brot ist lebensnotwendig. Es wird mir neue Kraft geben, wenn ich hungrig bin.
Ich bitte dich, Herr, für uns selber, dass wir in den Ferien auftanken. Schenke uns Zeit und Ruhe, damit wir uns entspannen und Atem holen können.

Leiter/in: Leben heißt unterwegs sein. Gott, du bist immer bei uns auf dem Weg unseres Lebens. Erhöre unsere ausgesprochenen und unausgesprochenen Bitten. Darum bitten wir durch Jesus Christus, unseren Bruder und Herrn. Amen.

**Vaterunser**

**Lied zum Friedensgruß: Friedensnetz**
(Tr 52)

**Segensgebet**
Den neuen Tag, Gott, segne mir.
Er ist so neu wie ein Schöpfungswunder.
Voller Dank bin ich für deine Gegenwart,
für die Zeit, die du mir anvertraust.
Meine Augen segne du, mein Gott,
damit sie loben, was sie sehen.
Meinen Nachbarn will ich segnen
und mein Nachbar segne mich.
So segne uns der Vater und der Sohn und der Heilige Geist. Amen.

**Lied: Wo ein Mensch Vertrauen gibt**
(Tr 509)

# 22. Unser Leben wird Kreise ziehen

## Abschlussgottesdienst nach der Sekundarstufe I

### Hinführung

Das schon zu den Klassikern des geistlichen Liedguts gehörende Lied »Ins Wasser fällt ein Stein« wird immer noch gerne von Jugendlichen ausgewählt. Der Text des Liedes stellt in einfühlsamen Worten eine Handlung ins Zentrum, die uns seit Kindertagen vertraut ist: Steine ins Wasser werfen und dann zuschauen, wie das Wasser weit um die Einwurfstelle herum in Bewegung gerät.
Das Urprinzip der Weitergabe von Energie wird durch diesen Vorgang in einfacher Weise nachvollziehbar. Ein schöpferischer Akt am Anfang oder eben ein Stein des Anstoßes kann der Beginn weit reichender Veränderungen sein. Dieses elementare Geschehen bietet sich geradezu an als Analogie für die Selbstmitteilung Gottes an den Menschen: »Wo Gottes große Liebe in einen Menschen fällt, da wirkt sie fort in Tat und Wort hinaus in unsere Welt.« Dieser Gottesdienst stellt dieses Ereignis der Gnade ins Zentrum. Lebensgeschichtlich geht es darum, bewusst zurückzuschauen, welche Steine des Anstoßes die Schüler/innen erfahren haben, mit denen sie nun ihren weiteren Lebensabschnitt zuversichtlich antreten können.

### Vorbereitung/Material

- ein Wasserbecken, vor dem Altar aufgestellt und mit Wasser gefüllt
- ein Kieselstein für jede Schülerin/jeden Schüler.

### Begrüßung, Kreuzzeichen

Wir stehen heute an einer wichtigen Weichenstelle in eurer Lebensgeschichte. An dieser Stelle bietet es sich an, zurückzuschauen und nach vorne zu blicken: Wo bin ich nun, wo komme ich her und wo will ich weiter hin? Im Zeichen des Glaubens, dass Gott mitwirkt an eurer Geschichte, lasst uns diese Feier beginnen: im Namen des Vaters und des Sohnes und des Heiligen Geistes. Amen.

### Lied: In deinen Händen steht die Zeit

(siehe Seite 10)

### Gebet

Du Gott des Lebens, wir glauben,
dass du in unserer persönlichen Lebensgeschichte zugegen bist.
In erfüllten, schönen Augenblicken
wie in schwierigen, belastenden Situationen

dürfen wir mit deiner Gegenwart rechnen.
An dieser Station, am Ende unserer Schulzeit
wollen wir innehalten, wollen zurückblicken,
dankbar die vielen guten Wegerfahrungen
und auch die schwierigen Erfahrungen wahrnehmen.
In dieser Stunde öffne unser Herz,
lass uns still werden
und etwas von deiner geheimnisvollen Gegenwart
in unserer Geschichte und in dieser Stunde erkennen.
So stärke uns mit Mut und Zuversicht
für die noch unbekannten, vor uns liegenden
neuen Erfahrungen unseres Lebens. Amen.

**Lied: caminando va**
(siehe Seite 37)

**Symbolhandlung: »Ins Wasser fällt ein Stein«**
Unsere Seele, unser Geist, unser Leben wird geformt und beeinflusst durch alles, was wir empfangen haben. All das, was wirklich tief in unserer Seele ankommt, bleibt nicht ohne Folgen. Wir werden andere Menschen, neue Menschen, immer wenn wir uns berühren lassen durch Anstöße, Erfahrungen. Unsere Seele hat einen Urhunger nach Leben, nach Anstößen, die uns stärken, nach Anstößen, die unsere Lebens- und Hoffnungskraft festigen. Auf geheimnisvolle Weise verbirgt sich Gott selbst in diesen Erfahrungen, die uns mit neuem Leben erfüllen. Gottes Liebe erreicht uns durch viele kleine und große Zeichen, die wir mitten im Alltag empfangen, umsonst, einfach so, einfach aus Liebe.

*Die Orgel spielt die Melodie des Liedes »Ins Wasser fällt ein Stein«. Der Text des Liedes wird langsam dazu gesprochen.*

**Text: Ins Wasser fällt ein Stein**
Ins Wasser fällt ein Stein,
ganz heimlich, still und leise,
und ist er noch so klein,
er zieht doch weite Kreise.

Wo Gottes große Liebe in einen Menschen fällt,
da wirkt sie fort in Tat und Wort,
hinaus in uns're Welt.

Ein Funke, kaum zu sehn,
entfacht doch helle Flammen,
und die im Dunkeln stehn,
die ruft der Schein zusammen.
Wo Gottes große Liebe in einem Menschen brennt,
da wird die Welt vom Licht erhellt,
da bleibt nichts was uns trennt.

Nimm Gottes Liebe an,
du brauchst dich nicht allein zu müh'n,
denn seine Liebe kann
in deinem Leben Kreise ziehn.
Erfüllt sie erst dein Leben und setzt sie dich in Brand,
gehst du hinaus, teilst Liebe aus,
denn Gott füllt dir die Hand.

*Deutscher Text: Manfred Siebald*



*Die Schüler/innen kommen nun nacheinander nach vorne und werfen ihren Stein ins Wasser. Wer will, kann dazu sagen, welche Erfahrung aus der Schulzeit ihr/ihm besonders wertvoll ist und einen wesentlichen Anstoß für die Zukunft gibt.*

**Lied: Zieh den Kreis nicht zu klein**
(siehe Seite 97)

**Evangelium: MK 4,14–20**
Die Deutung des Gleichnisses vom Sämann

**Ansprache**
Liebe Schülerinnen und Schüler, liebe Eltern, liebe Kolleginnen und Kollegen, euer Leben wurde immer wieder durch Erfahrungen und Einflüsse, durch die Spuren der Zeit geprägt und beeinflusst. Wir

Menschen sind formbar, wozu bräuchten wir sonst Schulen, wozu Erziehung?
Die Formungsarbeit ist nun an diesem Ort der Schule offiziell abgeschlossen. Vielleicht spürt ihr bei dem Wort »Abschluss«, genau wie ich, ein wenig Unbehagen. Ja, den Schulabschluss habt ihr erreicht, aber damit ist doch der Prozess des Wachsens, des Reifens und Fruchtbringens noch lange nicht abgeschlossen.
Das Evangelium spricht in den uralten Bildern des Lebens, des Säens, des Wachsens, des Fruchtbringens. Aber ... die mit der gleichen Mühe und Sorgfalt gesäte Saat geht nicht gleich reichhaltig auf. So sehr wir Eltern, Lehrerinnen und Lehrer auch um unsere Saat, um euch Jugendliche bemüht sind, wir haben doch letztlich nicht die Gewissheit, dass unser Säen tatsächlich »reiche Frucht«, einen reifen, erwachsenen Menschen hervorbringt.
Ist das nicht eine sehr nüchterne, ja vielleicht sogar entmutigende Bilanz?
Ich denke, nein. Wir brauchen das Gelingen unseres Lebens nicht als Ergebnis eines perfekt inszenierten Erziehungshandelns zu verstehen, danach zu denken und zu handeln. Das Evangelium lädt uns zu einem weiteren Horizont ein. Der Sämann kann das Korn nur ausstreuen, das und nichts anderes ist seine Aufgabe. Das Korn wachsen lassen, das muss der liebe Gott.
Das Evangelium fordert also nicht auf zum Überlebenskampf, sondern lädt zum Leben ein, lädt ein, euch am geschenkten Leben zu freuen, zu blühen, zu wachsen und an den guten Samen in euch zu glauben. Vertraut den Gaben, die in euch wachsen, und dem Geber, der sie in euch wachsen lässt, vertraut auch der Sehnsucht in euch, sie weiter zu entfalten.
In diesem lebendigen Austausch mit eurem Grund, mit dem Samen Gottes, der in euch hineingelegt ist, werdet ihr nicht wie felsiger Boden sein, der keine Wurzeln ausbilden kann, sondern ihr werdet euer eigenes Profil ausprägen und nicht allen Einflüssen eurer Umgebung hilflos ausgeliefert sein.
In diesem Vertrauen werdet ihr nicht wie die Dornen sein, die durch ihren Stolz jegliche Veränderung an sich selbst blockieren, die unbeweglich und starr sind und dabei andere und sich selbst verletzen.

Im Vertrauen auf die konkrete und begleitende Initiative Gottes, des Sämanns und Gärtners in unserem Leben, werdet ihr wie guter Boden sein, der Frucht bringt, Frucht zu seiner Zeit.
Die vielleicht schon gewachsene Ahnung eurer Kindheit und Jugend, dass euch gerade das Wesentliche wie ein Samenkorn geschenkt wird, und die Ahnung, dass die erfüllten Augenblicke eures Lebens, die glücklichen Zeiten der Liebe, der Freude und der Hoffnung nicht machbar, sondern Früchte sind, die euch unberechenbar und bedingungslos zuteil werden – diese Ahnung möge euch heute Mut machen, mit all euren Lebenskräften eure Zukunft zu gestalten. Amen.

**Lied: Halte deine Träume fest**
(siehe Seite 35)

**Fürbitten**
Guter Gott, zu dir dürfen wir kommen. Du bist das letzte Ziel unserer Sehnsucht nach Leben, darum bitten wir heute:

Für alle jungen Menschen, die heute den Schritt in einen neuen Lebensabschnitt tun, dass sie einen Ausbildungs- und Arbeitsplatz finden.

Für jeden Einzelnen von uns, dass unser Leben weite lebendige Kreise in unsere eigene und die Zukunft anderer Menschen zieht.

Für alle Verantwortlichen – und das sind auch wir – in Kirche und Gesellschaft, dass sie gemeinsam Sorge tragen für das Wohl der Menschen.

Für uns und alle Menschen, dass wir bereit sind, unser Leben und unseren Besitz mit denen zu teilen, die ausgegrenzt werden: Behinderte, Kranke, Hungernde, Fremde.

Guter Gott, unsere Bitten sind ein Ausdruck unserer Hoffnung und unseres Dankes, dass wir in dir geborgen sind. Amen.

**Vaterunser**

**Lied zum Friedensgruß: Bewahre uns, Gott**

2. Bewahre uns, Gott, behüte uns, Gott,
sei mit uns in allem Leiden.
Voll Wärme und Licht im Angesicht,
sei nahe in schweren Zeiten.

3. Bewahre uns, Gott, behüte uns, Gott,
sei mit uns vor allem Bösen.
Sei Hilfe, sei Kraft, die Frieden schafft,
sei in uns, uns zu erlösen.

4. Bewahre uns, Gott, behüte uns, Gott,
sei mit uns durch deinen Segen.
Dein Heiliger Geist, der Leben verheißt,
sei um uns auf unsern Wegen.

T: Eugen Eckert M: Anders Ruuth

**Segensgebet**

Mit unseren Hoffnungen, mit unseren Ängsten, mit unseren Fähigkeiten gehen wir den Weg in den neuen Lebensabschnitt. Wir vertrauen auf gute Weggefährten, besonders aber vertrauen wir auf den Weggefährten, der uns zugesagt hat, dass wir das Leben in Fülle finden werden. So bitten wir Gott um seinen Segen für unseren weiteren Lebensweg:

Gott, segne uns, lass uns dir dankbar sein,
lass uns dich loben, solange wir leben
und mit den Gaben, die du uns gegeben hast,
wollen wir füreinander und für unsere Welt Gutes bewirken.
So segne uns der Vater, der Sohn und der Heilige Geist. Amen.

**Lied: Möge die Straße**

2. Führe die Straße, die du gehst,
immer nur zu deinem Ziel bergab;
hab, wenn es kühl wird, warme Gedanken
und den vollen Mond in dunkler Nacht.

3. Hab unterm Kopf ein weiches Kissen,
habe Kleidung und das täglich Brot;
bevor der Teufel merkt: Du bist schon tot.

4. Bis wir uns mal wiedersehen,
hoffe ich, dass Gott dich nicht verlässt,
er halte dich in seinen Händen,
doch drücke seine Faust dich nie zu fest.

T und M: Markus Pytlik

# 23. Ich kann dir nur helfen aufzustehen, aber gehen musst du alleine

Abiturgottesdienst

### Hinführung

Nach 13 Jahren Schulzeit, nach neun Jahren auf dem Gymnasium ist das Ende der Schulzeit ein einschneidendes Datum. Die vielen Facetten der Feierlichkeiten und Aktionen nach den Abiprüfungen – Abizeitung, Abischerz, Abiumzug – haben häufig schon sehr professionellen Charakter angenommen. Darin wird noch einmal deutlich, wie die Abiturienten sich selbst im Angesicht dieses Lebensabschnitts sehen und verstehen: Leistungsstreben bis in die Feiern hinein, Zusammenhalten trotz der Konkurrenzsituation auf dem Arbeits- und Unimarkt, Mut zu Ausbildungswegen, die im Sinne wirtschaftlicher Verwertbarkeit nicht an erster Stelle rangieren. All dies sind Themen, die auch einfließen können in den Abschlussgottesdienst. Eine frohe, ermutigende Botschaft an dieser Weichensituation im Leben, eine Anstiftung zur Zuversicht trotz statistischer Engpässe, das will der vorliegende Gottesdienst sein.

### Vorbereitung/Material

- CD-Player, meditative Musik (z.B. »Die Flügel des Schutzengels« aus der CD: Hufeisen, Eine himmlische Flötenmusik. Das Engelkonzert)
- ein Mauerstein für jede Abiturientin/jeden Abiturienten.

## Begrüßung, Kreuzzeichen

Liebe Abiturientinnen und Abiturienten, liebe Mütter und Väter, liebe Lehrerinnen und Lehrer, es ist geschafft. In wenigen Tagen gehört das Abitur (Jahrgang) zur Geschichte unserer Schule. Mit Staunen haben wir erlebt, wie viel Fantasie, wie viel Kreativität, aber auch wie viel konkrete Handarbeit erforderlich war, um all diese Feiern und Aktionen zu gestalten. Jetzt sind wir an einer weiteren Station des Feierns. Wir feiern Gottesdienst. Hier ist der Ort, zu mir zu kommen, still zu werden, in mir einen großen Bogen zu spannen von der Vergangenheit in die Zukunft. Was vor euch liegt, ist erst sehr bedingt sichtbar. Fakten wie Arbeitslosigkeit, leere öffentliche Kassen, ein sich rasend schnell wandelnder Arbeitsmarkt und überfüllte Unis prognostizieren ein düsteres Bild von der Zukunft. Hier im Gottesdienst ist der Ort, eine innere Einstellung zur

Zukunft zu finden, die von Hoffnung und Zuversicht geprägt ist. An der Schwelle zu unserer Zukunft hoffen wir, dass die Mauern der Perspektivlosigkeit und der Verschlossenheit zuerst in uns sich weiten und öffnen zu Wegen der Hoffnung ins Morgen.
Wir schauen zurück – voll Dank.
Wir sind nun ganz hier – voll Lob und Freude.
Wir schauen nach vorne – voller Hoffnung.
Danken, Loben und Hoffen – im Namen dessen, der diesen Weg bis hierher mit uns gegangen ist und weiter mit uns gehen wird, sind wir zusammengekommen: im Namen des Vaters und des Sohnes und des Heiligen Geistes. Amen.

**Lied: Wo die Liebe wohnt**

T: Eugen Eckert M: Alejandro Veciana


**Text: Ich trage dich mit deiner Last**

Ein Esel stieg einen Berg hinauf und stöhnte unter der Last, die er zu tragen hatte. »Ach, wie schwer habe ich es. Wie groß sind die Lasten, die ich allein im Leben tragen muss.« Das hörte der Weg,

auf dem der Esel unterwegs war, und sagte: »Was stöhnst du, Esel? Siehst du nicht, dass ich dich trage mit deinem ganzen Gewicht, mit deinen Lasten und mit deiner großen Unzufriedenheit?«
Daraufhin guckte der Esel verdutzt, und nach einer Weile sagte er zu sich selbst: »Oh, ich Esel.«

Herkunft unbekannt

**Lied: Komm, Gott, mit deiner Gnade**
(VLs 73)

**Dialogpredigt**

Leiter/in: Halleluja, ihr habt's geschafft! Nun beginnt eure große Freiheit, die Verwirklichung eurer Träume, eure eigenen Wege werdet ihr nun endlich gehen.

Schüler/in: *(unterbricht)* Niemand hat uns gesagt, was der richtige Weg ist ...

Leiter/in: Eure Schulzeit war ein gutes Stück eurer Lebenszeit. Ihr habt erfahren, was es heißt zu lernen mit Kopf, Herz und Verstand. Ihr habt Bildung erfahren für den ganzen Menschen in euch mit all seinen Möglichkeiten. Ihr habt Gemeinschaft erfahren, Rücksichtnahme gelernt und Solidarität untereinander einüben können.

Schüler/in: Reicht das? Sind wir auch vorbereitet auf Bewährungsproben? Sind wir fähig, gut mit uns, unserer Freiheit umzugehen?

Leiter/in: Jetzt bist du dran. Tolle Möglichkeiten sind dir gegeben. Mache Gebrauch von ihnen. Aber sei vorsichtig im Umgang mit deinen Möglichkeiten. Verrate nicht deine Visionen. Halbiere nicht deine Sehnsucht nach einem ganzheitlich erfülltem Leben. Setze dich ein für das, woran du glaubst!

Schüler/in: Aber die vorgegebenen Strukturen setzen mir klare Grenzen. Die hohen Zahlen von Studienbewerbern, die Bedeutungsabnahme von Geisteswissenschaften, die materiellen Voraussetzungen ...

Leiter/in: Entscheidungen stehen nun für dich an. Wäge ab, sieh die Bedingungen und triff deine Entscheidung. Konflikte und Auseinandersetzungen werden unvermeidlich auf dich zukommen. Immer wieder wirst du vor Weggabelungen stehen, immer wieder ist dein Mut gefordert, auch dein Wille, Türen aufzuschließen, die dich in der jeweiligen Lebenssituation weiterführen. Leben ist kein sicheres Anlageverfahren, das dir schon heute Wohlstand und Zufriedenheit für morgen sichert.

Schüler/in: Wo sind die Menschen, die mir in den Stunden der Auseinandersetzung, der Konflikte zur Seite stehen, die mir ohne Eigeninteresse wirklich beistehen.

Leiter/in: Vertrau auf dein gewachsenes Gespür dafür, welche Menschen gute Weggefährten und Bündnispartner deiner Lebenshoffnung sind. Menschen, die dich, gerade weil sie dich ernst nehmen, auch kritisieren und zu neuen Schritten anregen dürfen.

Schüler/in: Oft erscheint mir der Weg bis zum Ziel noch sehr lang. Der Weg zu dem Menschen in mir, der von sich sagen kann: Ja, ich bin gewachsen an Reife, an innerer Festigkeit.

Leiter/in: Wenn du dein Lebenshaus baust, plane, wäge ab, betrachte das Material, das dir zur Verfügung steht, dann aber handle, werde einseitig und wage das Neue. Vertrauen sei das Fundament deines Lebenshauses. Vertrauen ist das Urwort einer christlichen Existenz. Vertrauen ist ein anderer Name für den Gott, der von sich sagt: Ich bin bei dir. Werde, was du schon in dir trägst, und zugleich glaube, dass du schon bist, was du noch ersehnst zu werden. Gehe los und vertraue um Gottes Willen deiner Sehnsucht!

*Meditationsmusik wird eingespielt für eine persönliche Besinnungszeit.*

**Evangelium: Mt 5,13–16**

Vom Salz der Erde und vom Licht der Welt

**Gemeinsames Glaubensbekenntnis**

Ich glaube an den Gott,
der uns als Menschen in wunderbarer Weise gestaltet hat,
mit Körper und Geist, mit inneren und äußeren Sinnen,
die Welt zu entdecken und mitzuwirken
an den Lebenschancen der Schöpfung.
Ich glaube an Jesus Christus, den Bruder aller Menschen,
der ein Vertrauen und eine Liebe lebte,
die sich durch keine aufgeblähte Demonstration
von Stärke und Stolz aufhalten ließ,
der sogar durch Leiden und Kreuz hindurch
festhielt an der Sehnsucht nach Gott,
der den Himmel erdete, der uns ermutigt,
heute seinem Beispiel zu folgen,
zu leben als Menschen des Vertrauens
ein Leben reich an Herausforderungen, an Liebe.
Ich glaube an den Heiligen Geist,
der in uns auf geheimnisvolle Weise
eine unstillbare Sehnsucht entfacht,
einen Hunger nach Leben und Frieden,
eine Kraft, die uns verbindet
und eine Ahnung, dass wir getragen sind
auch und gerade da, wo wir uns schwach fühlen,
wo wir uns verlassen vorkommen.

**Fürbitten**

*(von Schüler/innen gelesen)*

Gott, unser Vater, wir bitten dich für alle, die uns bis zum heutigen Tag unterstützt und begleitet haben. Vergelte ihnen all ihre Mühe und ihren Einsatz. Lass sie ihren pädagogischen Elan, ihre Herzlichkeit, ihr Wissen weiterhin einsetzen zur Förderung der jungen Menschen, die ihnen anvertraut sind.

Für unsere Eltern, die uns Raum gegeben haben, uns zu entfalten und erwachsen zu werden: Schenke ihnen nun die Gelassenheit, uns loszulassen, uns unsere eigenen Wege finden zu lassen und weiterhin als Partner unsere Wege zu begleiten.

Für uns selbst: Gib uns einen langen Atem der Hoffnung, dass wir mutig und klug unsere eigenen Wege und solche Menschen finden werden, die uns auf unseren Wegen helfen.

Für diejenigen von uns, die das Abitur nicht geschafft haben: Lass sie nicht zweifeln an sich selbst, lass sie nicht resignieren, sondern mit neuem Mut einen zweiten Anlauf wagen.

**Lied: So ist Versöhnung**
(siehe Seite 136)

**Friedensgruß**

**Vaterunser**

**Symbolhandlung: Ein neuer Weg**
Im Altarraum ist eine Mauer aus Steinen errichtet. Der Weg zum Altar, zum Ort gelingender Gemeinschaft, der Blick in ein erfülltes Leben in die Richtung der aufgehenden Sonne scheint verbaut. Alle Abiturient(inn)en kommen nun nach vorne, nehmen jeweils einen Stein, beschriften diesen mit ihrem Namen und legen mit ihren Steinen einen neuen Weg, der aus der Kirche herausführt. Der Blick nach vorne, in einen neuen Morgen, in eine von Gottvertrauen begleitete Zukunft ist frei. So entstehen Wege, gemeinsam errichtet, hinein in die Welt.

**Segensgebet**
Mach's gut. Pass auf dich auf. Einen guten Weg. Diese Wünsche begleiten uns von Kindesbeinen an. Diese Worte bringen zum Ausdruck: Wir sind als Weggefährten miteinander verbunden. Als Christen dürfen wir darauf vertrauen, dass Gott uns zusagt: Ja, ich gehe mit dir, ich will dein Weggefährte sein. Diese Weggefährtenschaft Gottes zu erbitten ist die Urbitte unseres Glaubens, ist das Uranliegen des Segens. So lasst uns nun den Segen Gottes für unseren Weg, besonders für den Weg der Abiturientinnen und Abiturienten erbitten:

Der Herr sei vor dir,
um dir den rechten Weg zu weisen.
Der Herr sei neben dir, um dich in die Arme zu schließen
und um dich zu schützen.
Der Herr sei hinter dir, um dich zu bewahren
vor der Heimtücke böser Menschen.
Der Herr sei unter dir,
um dich aufzufangen, wenn du fällst
und dich aus der Schlinge zu ziehen.
Der Herr sei in dir, um dich zu trösten,
wenn du traurig bist.
Der Herr sei um dich herum, um dich zu verteidigen,
wenn andere über dich herfallen.
Der Herr sei über dir,
um dich zu segnen.
So segne dich der gütige Gott,
der Vater, der Sohn und der Heilige Geist. Amen.

*Nach einem irischen Reisesegen*

**Lied: Ein Segen sein**
(DZf 133)

# 24. Abschied nehmen und aufbrechen im Zeichen des Regenbogens

Abiturgottesdienst

**Hinführung**

Dieser Gottesdienst stellt den Übergang von der Schulzeit in die noch weitgehend offene und unbekannte Zukunft in den Mittelpunkt. Der Schritt über die Schwelle – heraus aus der vertrauten Schulwelt und hinein in die je individuelle neue Lebenssituation – wird in seiner existenziellen Dimension thematisiert und mit dem Übergangssymbol des Regenbogens verbunden. Die Deutung des Regenbogens geht aus von der biblischen Botschaft dieses Zeichens als Bundeszeichen zwischen Gott und den Menschen. Im Erleben und Bewusstsein der Schülerinnen und Schüler schwingt am Ende der Schulzeit neben der Freude über das erreichte Ziel des Schulabschlusses häufig eine Mischung aus Unsicherheit, Wehmut und Sorge im Blick auf die eigene Zukunft mit. Weil auch diese getrübten Lebensfarben durch das Farbspektrum des Regenbogens aufgenommen sind, steht dieses Zeichen für die solidarische, mitfühlende und ermutigende Bündnisschaft Gottes und für die Verheißung, zusammen mit »Bündnispartnern der Hoffnung« einen guten Weg in die eigene Zukunft zu finden.

**Vorbereitung/Material**

- Ein großer Regenbogen wird auf eine große Bahn Stoff oder zusammengenähte Betttücher gemalt. Dieser selbst gemalte Regenbogen schmückt die Altarwand.
- kleine Tauben aus weißem Tonpapier für alle Gottesdienstbesucher/innen.

## Begrüßung, Kreuzzeichen

## Lied: Eingeladen zum Fest des Glaubens

(siehe Seite 43)

## Text: Es ist Zeit

(siehe Seite 105)

## Lied: caminando va

(siehe Seite 37)

**Hinführung zum Schrifttext**
»Meinen Bogen habe ich in die Wolken gesetzt ...« Dieser Vers aus dem ersten Buch der Bibel steht buchstäblich über eurem Abiturgottesdienst. Der Regenbogen, ein uraltes vielfältig gedeutetes Zeichen, markiert die Schwelle vom Unwetter, vom Sturm und Gewitter zum Aufreißen der Wolkendecke, zu Sonne und klarer Sicht.

**Lesung: Gen 9,8–17**
Der Regenbogen

**Lied: Der Himmel geht über allen auf**
(Tr 259)

**Ansprache**
»Was machst du denn jetzt nach dem Abi?« Die Frage hören viele von euch bestimmt nicht erst in diesen Tagen. Was antwortet ihr darauf? Mal gucken ... erst mal Zivildienst ... erst mal 'ne Lehre ... ich fang mal mit dem Studium an ... Mal seh'n, wie es wird!
An der Schwelle zu dem neuen Lebensabschnitt empfinden viele von euch Unsicherheit, ein Schwanken zwischen Zuversicht und Fragen. Eine menschliche Grunderfahrung – eure innere Erfahrung! Über eine Schwelle zu gehen erfordert neue Orientierung. Die euch vertraut gewordenen Abläufe des Schullebens, die Sicherheit des Gewohnten, den alltäglichen Rhythmus zwischen Schule und Freizeit lasst ihr heute hinter euch. Wir haben vorhin gehört: Es ist Zeit. Es ist soweit. Nimm Abschied. In der Schule, in dieser Gemeinschaft seid ihr heute zum letzten Mal zusammen. Wehmut und auch Traurigkeit darf an dieser Stelle sein.
Aber dennoch, ihr bleibt nicht wie gelähmt an dieser Schwelle stehen. Mit euren Eltern und Lehrern seid ihr heute zusammengekommen um zu feiern. Die hellen und frohen Farbtöne, den Regenbogen habt ihr ausgewählt als Symbol für euren Weg. Der Regenbogen, ein faszinierendes, anrührendes Zeichen. Der Regenbogen weckt in uns Staunen und unmittelbare Zustimmung: Ja, möge doch alles gut werden. Ein Hoffnungszeichen, Hoffnung auf neues Leben, die Verheißung einer guten Zukunft. Wo der Regenbogen

sichtbar wird, da beginnt die Sonne zu scheinen und das Unwetter ist vorbei.
Für uns Christen ist der Regenbogen das Zeichen des Bundes zwischen Gott und den Menschen.
»Ich habe meinen Bogen in die Wolken gesetzt.« Gott sucht von sich aus die Beziehung zu uns. Gott macht sich zum Bündnispartner gerade derer, die dem Sturm des Lebens ausgeliefert sind. Gott ist gerade den Menschen nahe, die unterzugehen drohen, über denen die Wellen des Leistungsdrucks, der Hetze und des coolen Machertums zusammenschlagen.
Der Regenbogen als biblisch gespeistes Lebenssymbol ist mehr als eine Augenblicksromantik, mehr als ein individuelles Hochgefühl, mehr auch als ein Bild für den Aberglauben und die Magie. Der Regenbogen konfrontiert uns Christen mit der Frage: Aus welcher Kraft, aus welcher Hoffnung bewältige ich den bevorstehenden Abschied und Neubeginn?
Hat die Schule euch vorbereitet auf Bewährungsproben, auf Stürme? Seid ihr befähigt, gut mit eurer neuen Freiheit umzugehen? Wie viel Macht über euch gebt ihr heute und in Zukunft all dem, was uns so oft blendet? Ein Auto, ein Bankkonto, ja selbst ein Abiturzeugnis kann blenden, kann blind machen für den Grund, der uns trägt.
Der Regenbogen blendet nicht. Er täuscht nicht hinweg über dunkle Töne. Der Regenbogen zeigt in seinen Farben die Welt, wie sie ist, Licht und Schatten. Für uns Christen sind die Schattenseiten der Gesellschaft, besonders aber die Menschen auf den Schattenseiten des Lebens nicht tabu.
Ihr wisst um überfüllte Unis, um die Bedeutungsabnahme der Geisteswissenschaften, um geringe Chancen in manchen Ausbildungsberufen. Ihr wisst auch um Ungerechtigkeit und Unheil in unserer Welt. Aber seht genau hin, seht die Farben eurer Möglichkeiten und macht Gebrauch von ihnen. Verratet nicht die Lebendigkeit, das Farbspektrum eurer Sehnsucht.
Der Traum vom gelingenden Leben ist kein individuelles Ereignis. Entgegen dem vielfachen Trend in unserer Gesellschaft zum narzisstischen Um-sich-selbst-Kreisen lädt uns unser Gott mit diesem

Beziehungszeichen ein, gemeinsam zu träumen, zu handeln und das Leben zu gestalten; denn das ist der Beginn einer neuen Wirklichkeit.
So vertraut auf euer gewachsenes Gespür, welche Menschen euch gute Weggefährten und Bündnispartner eurer Lebenshoffnungen sind. Menschen, die euch ernst nehmen, die euch auch kritisieren dürfen, die euch zu neuen Schritten anregen. Diese Art der Bündnisschaft ist mehr als zweckmäßiges Vereintsein. »Weggefährte der Hoffnung« sein, diese Beziehung hat tiefere Wurzeln: Du bist mit all deinen Seiten von mir angenommen, weil du du bist. Und diese Art des Angenommenseins ist die biblische Botschaft des Regenbogens. Traut der Zusage Gottes an euch, traut der bunten Sehnsucht eurer Herzen, wagt den Aufbruch in die Zukunft.
Mit den Worten des südamerikanischen Bischofs Dom Helder Camara wünsche ich euch für euren Lebensweg eine Zuversicht und ein Gottvertrauen, das frei ist von verkrampfter Selbstüberheblichkeit und gerade in dieser Gelassenheit einen besonders anziehenden Glanz ausstrahlt: »Auch wenn ich manchmal nur eine Wasserlache bin, so kann ich doch in meinem Leben für andere und für die Welt den Regenbogen widerspiegeln.«
In diesen Tagen habt ihr, liebe Abiturientinnen und Abiturienten, vielfältige gute Worte und Wünsche erfahren. Die Grundbewegung unseres Glaubens ist das Hinhören auf die eigene Mitte, das Lauschen auf die Sehnsucht unseres Herzens.
Nehmen wir uns nun einen Moment Zeit, hinzuhören auf Farben der Sehnsucht in uns, hinzuhören auf Gottes Einladung an unser Leben und unsere Zukunft.

*Instrumentalmusik*

**Fürbitten**
*(von Schüler/innen gelesen)*
Herr, wir bitten dich für alle Lehrerinnen und Lehrer, die uns bis zum heutigen Tag unterstützt und begleitet haben: Vergelte ihnen all ihre Mühe und ihren Einsatz. Lass sie ihren pädagogischen Elan, ihre Herzlichkeit, ihr Wissen weiterhin einsetzen zur Förderung der jungen Menschen, die ihnen hier an der Schule anvertraut sind.

Wir bitten dich für unsere Eltern, die uns Raum gegeben haben, uns zu entfalten und erwachsen zu werden: Schenke ihnen nun die Gelassenheit uns loszulassen, uns unsere eigenen Wege finden zu lassen und weiterhin als Partner unsere Wege zu begleiten.

Wir bitten dich für uns selbst: Schenke uns einen langen Atem und eine lebendige, bunte Hoffnung, dass wir mutig und klug unsere eigenen Wege finden und gehen. Lass uns auch neue Weggefährten finden, die uns hilfreich begleiten.

Wir bitten dich für all diejenigen von uns, die das Abitur nicht geschafft haben: Lass sie nicht zweifeln an sich selbst, lass sie nicht resignieren und sich selber abstufen. Stärke sie in ihrem Selbstvertrauen und in dem Vertrauen auf ihren eigenen Weg.

Gott, du kennst uns, du weißt um uns, vor dir dürfen wir unsere Freude und unsere Nöte ausdrücken. Deine Zuwendung stärke und ermutige uns, unserem Leben eine Richtung zu geben. Amen.

**Vaterunser**

**Friedenstauben**

Eine biblische Erzählung, die auf andere Weise vom Neubeginn erzählt, ist die Geschichte von Noach und allen Lebewesen in der Arche. Eine Taube kündet durch einen grünen Zweig die Rettung an. Die Taube ist heute zum Symbol für den Frieden geworden. Weil der Friede in unserer Welt nicht zuerst Menschenwerk ist und weil auch der Weltfriede zuerst bei uns persönlich beginnt, bitten wir Gott heute darum, dass er uns den Frieden in unserem Herzen schenken möge, sodass wir ihn weitergeben können.

*Während die Friedenstauben ausgeteilt werden, singen alle zusammen das folgende Lied.*

**Lied: Seht, die Taube trägt einen Zweig**

(DZf 61)

**Segen**
So segne uns alle der Gott,
der uns im Zeichen des Regenbogens
seinen Bund geschenkt hat,
der uns beistehen wird
in den Stürmen unseres Lebens
und der uns hinführen wird
in eine gute Zukunft:
der Vater, der Sohn und der Heilige Geist. Amen.

**Lied: Möge die Straße**
(siehe Seite 172)

# Verzeichnis der abgedruckten Lieder

*Notizen*

*Notizen*

*Notizen*

*Notizen*

## Weitere Werkbücher für Familien-, Kinder- und Jugendgottesdienste:

Werner Kuchar
**Menschen von gestern – Vorbilder für heute**
Jugendgottesdienste
ISBN 3-7840-3177-3

Werner Kuchar
**Zeit für Kinder**
Familiengottesdienste
ISBN 3-7840-3200-1

Wilfried Röhrig
**Willkommen hier in meinem Haus**
Thematische Kinder- und Familiengottesdienste
ISBN 3-7840-3168-4

MC: 3-7840-2283-9
CD: 3-7840-2284-7

Wilfried Röhrig
**Viele bunte Fäden**
Thematische Kinder- und Familiengottesdienste
ISBN 3-7840-3191-9

MC: 3-7840-2281-2
CD: 3-7840-2282-0

Elsbeth Bihler
**Du hast uns eingeladen**
Wortgottesdienste mit Kindern von 3 bis 13 Jahren
Lesejahr A: ISBN 3-7840-3159-5
Lesejahr B: ISBN 3-7840-3176-5
Lesejahr C: ISBN 3-7840-3188-9